MONOGRAPHIE DES PARROCEL

ETIENNE PARROCEL.

MONOGRAPHIE

DES

PARROCEL

ESSAI

MARSEILLE

IMPRIMERIE CIV. ET MILIT. DE JOSEPH CLAPPIER

Rue Saint-Ferréol, 27.

1861

PRÉFACE

—

Dans le chapitre qui termine ce petit ouvrage, j'expose le but que j'ai poursuivi, et par quel concours de circonstances j'ai été amené à publier mon Essai sur les Parrocel ; mais il est un autre ordre d'idées que je n'ai point développé et qui a son importance. D'abord, mon livre présente un certain intérêt d'actualité, en raison de l'Exposition des Beaux-Arts, jointe au Concours Régional qui doit avoir lieu à Marseille, et dont les portes doivent s'ouvrir au public le 18 mai prochain ; la plupart des Parrocel y seront représentés, soit par leurs peintures, leurs eaux fortes ou leurs gravures.

Les amateurs qui s'intéressent à l'art de la peinture, ainsi que mes compatriotes qui sont fiers des artistes provençaux, trouveront là une occasion unique de faire connaissance avec la plupart des œuvres de ces peintres du Midi, dont quelques-uns fesaient école dans leurs provinces, et dont l'influence ne tarda pas à se faire sentir jusque dans la capitale. C'est ce coloris doux, frais et brillant des Pierre Parrocel et des Vanloo, moins solide, mais plus fin et plus délicat, peut-être, que celui des Bolonais et des Génois, qui furent leurs premiers maîtres, qui remonta avec eux vers Paris, se substitua, ainsi que le dit si spirituellement M. de Pointelle, aux âpretés grossières de la palette de Lebrun, et donna naissance à celui des Wateaux et Boucher.

Je ne veux entrer dans aucun détail sur

les contemporains des Parrocel, cela me mènerait trop loin et sortirait du cadre restreint que je me suis imposé ; je dirai simplement que la magnifique exhibition qui va avoir lieu, permettra de restituer, en partie, aux artistes dont je m'occupe, ce que l'ignorance ou la mauvaise foi ont tenté de leur ravir, c'est-à-dire, leur individualité.

Des démarches ont été tentées auprès du curé et de la fabrique de l'église St-Sauveur, à Brignoles, pour obtenir la descente de croix, due au pinceau magistral de Barthélemy Parrocel, qui figure dans son église. Si la Commission des Beaux-Arts parvient à l'obtenir, comme je l'espère, cette toile pourra donner la clé d'autres œuvres de Barthélemy, attribuées aux Carraches et au Caravage, dont elle rappelle la manière.

Les quelques tableaux authentiques de Joseph, qui figureront à l'Exposition, permettront de constater également que beaucoup de Salvator Rosa et de Bourguignon ne sont autres que des tableaux de ce dernier (*).

Ignace-Jacques, dont les batailles étaient fort connues en Italie, s'il faut en croire les notes et les lettres que j'ai empruntées au *Mercure de France* de 1730 et de 1739 (**), qui jettent un si grand jour sur les Parrocel, et donnent si bien la mesure du degré d'estime dont ils jouissaient à cette époque, bien que très inférieur à Joseph, trouve peu de collectionneurs qui songent à lui attribuer un seul tableau.

Charles Parrocel est mieux connu, ayant travaillé constamment à Paris, presque tout ses tableaux ou dessins ont été gravés. Mais Pierre Parrocel qui n'est apprécié dans la capitale que par ses eaux fortes en faveur, voit attribuer le plus souvent ses tableaux

---

(*) Un marchand de tableaux fort connu à Marseille, mort l'an dernier, m'a avoué qu'un jour un amateur s'obstinant à attribuer un Joseph Parrocel, à Salvator Rosa, il le lui vendit pour tel.

(**) Pages 103 et 125.

de chevalets à Carle Maratte, ou à quel-qu'autre maître de l'école Italienne. Louis Parrocel, son père, confondu avec son fils, bien qu'il lui soit inférieur, par ce fait lui porte préjudice en perdant lui-même son individualité. Je ne parle pas d'Etienne Parrocel dont l'existence a été mise en doute par deux autorités dans les arts, M. Villot, conservateur du Musée impérial du Louvre, et M. Taillandier : quel est l'amateur qui ose aujourd'hui lui attribuer quelque toile si elle n'est pas signée. Ses productions doivent subir le même sort que son nom, et pourtant à en juger par cette note du *Mercure de France* de 1730, que j'ai citée plus haut, on ne peut douter de son mérite, du reste, son tableau de Saint-François-Régis, que possède le Musée de Marseille, en donne la mesure, et sa place parmi les académiciens de Saint-Luc, répond pour lui victorieusement.

L'existence de Pierre-Ignace Parrocel, graveur, que j'ai prouvée, présente également un grand intérêt, mais je dois le dire, M. Prosper de Baudicour, m'a beaucoup aidé dans cette circonstance, en m'envoyant plusieurs pièces de son œuvre, et en me signalant le premier son existence, ce qui m'a permis de relever sa naissance dans les registres de la paroisse St-Agricol, à Avignon, et de lui restituer ses véritables prénoms ; ainsi cesse cette confusion regrettable qui régnait dans les biographies de Michaud et de Lebas, qui attribuaient à Etienne, l'œuvre de ce dernier. Elle me permet de plus, de rendre à la France un graveur distingué.

Joseph-François, si critiqué par Diderot, bien qu'un des plus faibles parmi les Parrocel, comme peintre, n'en possède pas moins du talent. Ses œuvres ne sont pas contestées aux Parrocel, mais comme elles n'ont pas beaucoup de prix, on les donne de préférence à son grand oncle Joseph, ce qui tend à amoindrir, dans l'opinion publique,

l'importance de ce maître. Ce nom géné-
rique de Parrocel, donné à cette multitude
de toiles, produites par ces maîtres, et qui
ne se ressemblent en rien, jette une certaine confusion dans l'esprit des amateurs,
qui ne sont pas assez bien renseignés sur
l'existence de tout ces artistes qu'ils con-
fondent entre eux. L'Essai que je viens de
publier permettra de déterminer leur genre,
leur aptitude et leur degré de supériorité
les uns sur les autres.

Bien que les demoiselles Parrocel ne
soient pas des artistes hors ligne, j'ai dû
également m'occuper d'elles. M. Taillandier
affirme que la pluspart des copies ou des
tableaux, dans le genre de Boucher et de
Vanloo, que peignait Marie Parrocel, figurent aujourd'hui dans les galeries des amateurs, pour des originaux, tant leur faire
rappelait bien ces maîtres. J'ajouterai que
les portraits peints par elle prouvent qu'elle
avait du talent. M. Taillandier parle également avec beaucoup de faveur, des minia-

tures de Thérèse Parrocel, et tous les biographes mentionnent Mme de Valrenseaux née Parrocel, peintre de fleurs et d'animaux. Elles occupent donc leur petite place dans l'art, et quelqu'infime que soit le rang qu'elles y tiennent elles ont le droit de réclamer ce qui leur appartient.

Ces considérations que je viens d'esquisser, ont, je le répète, leur importance. J'ai dû ne pas les passer sous silence, et je terminerai ma préface en faisant des vœux sincères pour que nos Musées de Provence, et notamment celui de Marseille, puissent réunir un jour, un spécimen des œuvres, non seulement des Parrocel, mais de tous les peintres dont le Midi s'honore, il y aurait là pour les artistes des localités un sujet d'étude et d'émulation en même temps que chaque ville rendrait un hommage pieux et mérité à la mémoire des hommes illustres qui font la gloire de leur pays et dont ils inscrivent avec orgueil les noms dans leurs annales.

MONOGRAPHIE

DES

PARROCEL

ESSAI

I

Un certain nombre d'écrivains des plus distingués, parmi lesquels je citerai M. Taillandier, M. Paul Mantz, M. Léon Lagrange, M. C. Blanc, M. Prosper de Baudicour, qui continue l'œuvre de M. Robert Dumesnil, et M. Frédéric Villot, auteur de la *Notice du musée impérial du Louvre*, publient ou ont publié dernièrement, soit dans des Revues, hebdomadaires ou mensuelles , soit dans des ouvrages spéciaux , des articles séparés sur les Parrocel. Mais ces messieurs n'ont rien fait de complet sur ces artistes, presque tous nés en Provence. La plupart des écrivains que je viens de nommer habitent Paris ; il leur est difficile de se procurer des renseignements exacts.

Il existe sur les actes des naissances et des décès des Parrocel de nombreuses erreurs de date. Les encyclopédies et les dictionnaires anciens se sont contentés de se copier entre eux, sans remonter à la source , perpétuant ainsi les inexactitudes ; il existe même dans les prénoms de ces artistes certaines confusions qu'il importe de rectifier ; aussi bon nombre d'amateurs qui possèdent des dessins ou des tableaux de ces maîtres , faute d'un guide certain, attribuent souvent à l'un ce qui appartient à l'autre ; cette confusion règne même dans beaucoup de musées.

Pour jeter un jour nouveau sur cette situation délicate , mon intention bien arrêtée est de publier, à mon tour, d'ici à quelques années , la monographie complète de cette famille unique qui ne compte pas moins de quatorze peintres, graveurs ou dessinateurs, et d'ajouter au texte la reproduction par la gravure des principales œuvres de chacun d'eux.

Ce travail, auquel je ne puis donner qu'une faible partie de mon temps et qui exige de longs voyages, demande, je le répète, plusieurs années pour être mené à bonne fin ; en attendant, les erreurs se propagent.

Après de longues et patientes recherches, j'ai déjà réuni un nombre considérable de notes qui établissent d'une manière précise l'individualité de chacun des Parrocel et dont j'ai formé un volume inédit.

Je crois donc le moment opportun d'extraire de mon œuvre les parties les plus saillantes, et de les livrer à l'attention des hommes spéciaux qui, se vouant au culte du passé, offrent aux yeux de leurs contemporains le spectacle des travaux des hommes illustres qui ont honoré la France.

J'accomplis cette tache d'autant plus volontiers que je compte recueillir et insérer dans mon ouvrage les jugements des écrivains sérieux, qui daigneront s'en occuper, sur les tableaux que je leur signalerai. Il s'agit de mes ancêtres cette considération m'impose une réserve facile à comprendre.

Avant d'entrer en matière, je dois remercier toutes les personnes qui s'intéressant à mon œuvre m'ont fourni avec une bienveillance, sans égale, des renseignements précieux et inédits, et ont bien voulu correspondre avec moi à ce sujet. C'est, en première ligne M. le duc d'Aremberg et M. Staeder, son secrétaire intime; M. le marquis de Panisse, lord Mac-Call, M. Denis d'Hyères ancien député ; M. J. Canonge, le poète de Nîmes, Mme Grange, fille de Réathu, le peintre, M. Barjavel, auteur des *Hommes. illustres du département de Vaucluse* ; M. Achard archiviste d'Avignon, et M. Canron, avocat, sans oublier M. Prosper de Baudicour, auquel j'ai fait part de mes recherches et qui m'a communiqué les siennes, et de plus M. Joseph Mathieu, qui a mis à ma disposition sa remarquable collection d'ouvrages sur la Provence.

Qu'on me pardonne ce long préambule, mais il m'a semblé nécessaire.

J'espère que le travail que je vais donner

sera lu avec intérêt, malgré l'aridité que présentent les recherches historiques, la plupart des Parrocel ayant vécu à Marseille, Aix, Brignoles, Avignon et dans presque toutes les villes du midi, où leurs tableaux se rencontrent à chaque pas.

II

BARTHÉLEMY PARROCEL

Peintre (1).

Le premier artiste de cette famille dont l'histoire ait enregistré le nom et consacré

---

(1) Parmi les ouvrages contenant des notes sur les Parrocel, je citerai la *Vie des Peintres français,* publié en 1745 par D'Argenville ; *Histoire Littéraire du régne de Louis XIV,* par l'abbé Lambert ; *Hommes Illustres de la Provence,* d'Achard, publié en 1787 , *Biographie Universelle,* de Michaud, 1823; *Univers Illustré* de Joseph Lebas 1844, Adolphe Siret , Lacombe , Laferté ; *Catalogue du Musée Royal,* d'André Bardon ; *Encyclopédie Méthotique,* Hubert, Goult de Saint-Germain ; *Musée de Perpignan ,* Lanzi, *Guide de Rome* ; *Catalogue de l'an X de la République,* de l'abbé Meynet, conservateur du Musée à Avignon *Magasin Pittoresque ,* t. 4. p. 394 , Robert Dumesnil ; *Archives de l'Art Français, Artistes Français à l'étranger* de Dussieux, etc., tous les catalogues des Musées, tant en France qu'à l'étranger, qui possèdent de leurs tableaux,

le souvenir, est Barthélemy Parrocel, né à Montbrison, en Forest, vers 1600 (1).

Il fut le premier, et pour ainsi dire la souche d'une nombreuse famille d'artistes qui peuvent être comptés comme une des gloires de la France (2).

Issu d'une famille distinguée de Montbrison, on destinait Barthélemy Parrocel à l'état ecclésiastique, mais une vocation irrésistible l'entraînait vers la peinture ; résolu de visiter l'Italie, il abandonna la maison paternelle, pour mettre son projet à exécution.

Un grand d'Espagne rencontra Barthélemy Parrocel en route, et, charmé de sa bonne mine et de ses grandes dispositions, il l'emmena avec lui dans sa patrie.

Après un séjour de plusieurs années en Espagne, où il exécuta de nombreux travaux, Barthélemy s'embarqua pour l'Italie ; mais il fut pris en route par un pirate algérien ; le

---

(1) M. Bernard, archiviste et conservateur du Musée de Montbrison, m'a signalé une lacune dans les registres de la paroisse de cette ville ; de 1588 à 1607. Il m'a déclaré avoir trouvé seulement sur deux actes de baptême du mois de mars 1607, la signature de Parrocel, figurant comme témoin, sans désignation d'âge et de qualité.

(2) Joseph Lebas, etc.

capitaine du navire, qui avait subi le même
sort , connaissait heureusement le consul
français à Alger ; grâce à sa protection, ils
furent promptement relâchés, et ils arrivèrent
tous deux peu de temps après à Rome.

Barthélemy Parrocel passa plusieurs années à s'y fortifier ; puis il revînt en France
vers 1630. Arrivé à Marseille , et pressé de
revoir son compagnon de captivité et tout à
la fois celui auquel il devait sa liberté, il fut
à Brignoles , où résidait le capitaine ; le
hasard lui ayant fait rencontrer la fille d'un
artisan de cette ville , nommée Catherine
Simon, dont la beauté le séduisit, il l'épousa
le 18 septembre 1632, selon Achard (1).

A l'époque ou Barthélémy Parrocel s'établit à Brignoles, cette ville avait une certaine

(1) Achard combat la version de tous les précédents
biographes qui font épouser à Barthélemy, la fille du capitaine ; il doit avoir copié la précédente date sur les
registres de Brignoles et reconnu que Catherine Simon
était désignée comme fille d'un artisan de cette ville. Les
registres des mariages n'ayant pas été déposés à la commune, je les ai fait vainement chercher au greffe du tribu-
nal civil et dans les archives de la parcisse, je ne puis
dont rien préciser à cet égard. Toutefois, Achard, qui est
habituellement bien renseigné, commet ici une erreur d'au
moins deux années, j'ai relevé moi-même les naissances
de tous les enfants de Barthélemy Parrocel. Voici ce qui
concerne l'aîné :
Jehan Parrocel, fils de Barthélemy Parrocel, peintre, et
de Catherine Simon, a été baptisé le 29 juin 1631.

importance, les états de la Provence s'y réunissaient (1).

M. le comte d'Alais, plus tard duc d'Angoulême et qui eut tant de démêlés avec le parlement d'Aix, y avait sa résidence, en qualité de gouverneur de la province. Il était renommé comme un protecteur éclairé et un grand amateur des beaux arts ; nul doute que Barthélemy Parrocel ne fut son protégé.

Tous les biographes se taisent sur les œuvres de Barthélemy. Il en est une cependant qui mérite d'être signalée, c'est une descente de croix placée au-dessus de l'autel de la chapelle du Saint-Sépulcre, dans l'église Saint-Sauveur, à Brignoles.

Le tableau ne se compose que de trois figures de grandeur naturelle : le Christ nu, replié sur lui-même, repose sa tête sur les genoux de la Vierge, tandis que la Magdeleine, agenouillée et vue de profil, soutient son bras droit. Au bas du tableau, figurent la couronne d'épines et les clous. Le fond est

(1) Le roi avait demandé aux états réunis à Brignoles en 1633, un don gratuit de trois millions, ils en accordèrent deux. Honoré Bouche, tom. 2., pag. 890.; Papon, t. 4. pag. 473.

très-sombre ; à peine peut-on apercevoir
quelques reflets qui annoncent une grotte
ou des pierres taillées, un peu écornées. La
Sainte-Vierge , en effet , appuie son bras
droit et ses pieds sur des pierres de taille.
Aucune partie de la Croix ne s'y découvre ;
il est donc évident que la scène se passe au
bord du sépulcre.

Bien que ce tableau, dont la toile était pré-
parée en gris, ait poussé un peu au noir par
l'abus de la terre d'ombre et de la terre de
Sienne employée comme dessous dans les
parties ombrées des chairs et des vêtements ,
son état de conservation est parfait ; je ne
parle pas du fond assombri de parti pris.

Le dessin en est pur et correct, les draperies
d'un style simple et sévère , le coloris chaud
et les oppositions vigoureuses. Le modèle
des figures et particulièrement celui du torse
du Christ, éclairé avec plus d'intensité que
tout le reste du tableau et dont la couleur
mâte tranche sur le fond , est très-puissant.
Les pieds et les mains sont également traitées
avec une grande sûreté. La tête du Christ
manque seule peut-être d'un peu de noblesse ;
mais celle de la Vierge est pleine d'expression.

L'ensemble annonce un maître ; on attribuerait sans peine cette toile au Caravage, qui affectionnait les effets à la Rembrandt, et dont elle rappelle le réalisme, la science du clair-obscur et l'énergie de la touche, si la tradition, pieusement conservée et transmise dans la paroisse, n'en désignait l'auteur.

Pendant la révolution, l'église Saint-Sauveur fut respectée. Ce tableau avait été placé, dès le principe, au-dessus de la porte de la sacristie; il en fut enlevé en 1843, lors d'une grande mission qui eut lieu à Brignoles ; on fit alors blanchir l'église, et il fut relégué dans la tribune. Mais M. Riquier, ancien curé, qui avait appris de son prédécesseur que ce tableau était de Barthélemy Parrocel, le fit réparer tant bien que mal et, comme il était trop grand pour la chapelle à laquelle on le destinait, M. Patriti, peintre et professeur du séminaire, frère de celui qui y occupe aujourd'hui le même emploi, fut chargé de le couper.

Le magnifique château de Tourves, qui fut saccagé lors de la première révolution et dont il ne reste aujourd'hui que d'immenses et imposantes ruines, particulièrement une série de colonnes en marbre d'une seule pièce de la plus grande beauté, possédait également, dit-on dans le pays, de superbes peintures, dues en partie à Parrocel (1).

Barthélemy Parrocel eut sept enfants, quatre garçons et trois filles ; ses deux fils aînés et le plus jeune furent peintres. Il mourut vers 1660 , année mémorable dans les annales de Brignoles, car cette ville eut alors l'honneur d'offrir, pendant deux jours, l'hospitalité au grand roi (2).

---

(1) Ce fait m'a été confirmé par M. de Clapier, qui habite Brignoles et qui possède le portrait de l'un de ces ancêtres peint par l'un des Parrocel.

(2) Le 19 février 1660, Louis XIV partit de Toulon, coucha à Belgencier, et, le 20, arriva à Brignoles, d'où il se rendit le 21 à Notre-Dame-de-Grâces, près Cotignac; il revint coucher à Brignoles, où le lendemain 22 février, jour de dimanche, il entendit la Messe à l'église des Augustins, et alla coucher à Saint-Maximin.

HONORÉ BOUCHE , t. 2, f° 1033.

III

JEHAN PARROCEL

Peintre.

Fils ainé de Barthélemy Parrocel et de Catherine Simon , Jehan naquit à Brignoles , il fut baptisé le 29 juin 1631 , à l'église Saint-Sauveur de cette ville. Il mourut jeune, sans laisser de productions qui soient connues.

D'Argenville et tous les biographes lui donnent à tort le nom de Barthélemy.

IV

LOUIS PARROCEL

Peintre-Graveur.

Louis Parrocel, deuxième fils de Barthélemy Parrocel et de Catherine Simon , naquit à Brignoles ; il fut baptisé le 18 février 1634 , à l'église Saint-Sauveur de cette ville. Elève de son père, il en prit la manière et le coloris et il est considéré par tous les biographes comme un peintre distingué.

Après la mort de son père , Louis Parrocel vînt travailler en Provence , puis en Languedoc , où il se distingua. C'est probablement à cette époque qu'il peignit l'*Agonie de St-Joseph*, tableau mentionné par Grosson, dans

son *Almanach historique* de Marseille de
l'année 1771 , et qui était placé dans l'église
St-Martin, où il existe encore aujourd'hui ;
mais dans un état de dégradation telle qu'il
est impossible de constater le beau coloris et
la belle composition que lui attribuait Grosson ; détendu, couvert de poussière et dé-
chiré en plusieurs endroits , une réparation
immédiate peut seule le sauver d'une destruction complète.

Agé de douze ans de plus que son frère
Joseph Parrocel, devenu plus tard si célèbre,
Louis Parrocel le prit avec lui et lui enseigna
la peinture pendant trois ans.

Joseph l'ayant quitté furtivement , Louis
abandonna la Provence ; il vint à Paris pour
s'y fixer, vers 1664. Il y travailla fort peu de
temps. Atteint d'une maladie aigue , les
médecins lui ordonnèrent l'air du midi ; il
revint donc à Avignon où il s'établit définiti-
vement, et il y épousa Dorothée de Rostang ,
issue d'une grande famille du Comtat-Venaissin. Son mariage fut célébré à l'église St-
Agricol le 29 juin 1666. Il eut quatre fils :
Ignace-Jacques Parrocel, né le 27 juin 1667 ;
Louis , né le 27 août 1668 , mort jeune ;
Pierre, né le 10 mars 1670, et Jean-Baptiste,

né le 7 avril 1672 (1). Ignace et Pierre , qui s'attachèrent seuls à la peinture , furent ses élèves ainsi que son frère Joseph.

Louis Parrocel mourut à Avignon.

Les ouvrages connus de Louis Parrocel, sont les peintures murales de l'ancien Hôtel-de-Ville d'Avignon, dont il prit l'adjudication le 27 mai 1668 , et le 14 août 1674, pour la salle basse, et le 16 janvier 1676, avec deux autres peintres d'Avignon, Jacques Bertrand et Jean-Baptiste Lauze , pour la salle haute du conseil , du côté de la chapelle , dans laquelle salle était placé le portrait de Clément X, qu'il avait peint et dont le prix lui avait été payé par le conseil lui-même, ainsi qu'en fait foi le mandat déposé aux archives et daté du 12 février 1671.

Les tableaux de Louis Parrocel sont répandus dans le Languedoc , la Provence et notamment dans les églises d'Avignon.

M. Achard , archiviste d'Avignon , auquel je dois les dates précédentes, m'a remis également une liste , trouvée par lui dans les archives , des tableaux attribués à Parrocel

---

(1) Les Parrocel existant aujourd'hui sont issus de Jean-Baptiste.

père, c'est-à-dire à Louis Parrocel ; en voici la désignation : *Un Martyre de St-Pierre*, la *Vierge et plusieurs martyrs, St-Pierre ressuscitant un mort*, le même *guérissant des malades, St-Ambroise*, la *Vierge présentant St-Dominique, Domine quò vadis*, *Annanie et Saphire*, *St-Pierre portant les clés* et le *St-André*.

J'ai retrouvé quelques-uns de ces tableaux à l'église St-Pierre, d'Avignon; ils sont placés dans le chœur, et le St-Pierre portant les clés et le St-André, sur les pilastres qui lui font face, au centre même de l'église.

La manière de dessiner de Louis Parrocel est large, ses têtes sont expressives, ses draperies simples, sa couleur tranquille ; le modelé de ses figures ne présente pas cependant autant de fermeté et de puissance que celles du tableau de Barthélemy Parrocel, son père.

Louis Parrocel a également gravé à l'eau forte d'une pointe spirituelle. M. Prosper de Baudicour possède une belle épreuve signée de lui, représentant une décollation de Saint-Jean-Baptiste.

V

JOSEPH PARROCEL,

SURNOMMÉ DES BATAILLES

Peintre et Graveur (1).

Joseph Parrocel, le plus jeune des fils de Barthélemy Parrocel et de Catherine Simon, s'est illustré par le talent de peintre des batailles ; il naquit le 3 octobre 1646 (2) dans la ville de Brignoles, en Provence. Joseph Parrocel n'avait que douze ans, lors du décès de son père, qui ne lui laissa pour tout héritage que son talent (3). Il alla trouver en Langue-

(1) D'Argenville.
(2) Extrait des registres. (Achard), tous les autres biographes le font naître en 1648.
(3) Dictionnaire Beaux-Arts. — Lacombe, 1753.

doc son frère Louis Parrocel qui y exerçait avec distinction l'art de la peinture ; ce fut de lui qu'il en reçut les premières notions, mais il le surpassa bientôt. Après un séjour de trois ans, il se déroba de la maison de son frère et vînt à Marseille où il peignit quelques intérieurs de vaisseaux, laissant par ce simple essai bien loin derrière lui les artistes les plus consommés dans ce genre de travail.

Malgré son vif désir d'aller en Italie, ayant appris que son frère Louis Parrocel était à Paris, il en prit à son tour la route. Il comptait que ce frère lui procurerait une entrée facile chez les artistes en réputation dont le commerce lui paraissait nécessaire à son avancement ; son espoir fut déçu : Louis Parrocel, après une dangereuse maladie, était retourné à Avignon, sur l'ordre des médecins. Joseph resta donc livré à lui-même, sans perdre courage.

Les grands peintres de Paris qui connurent bientôt le talent de Joseph Parrocel et ses merveilleuses dispositions, ne purent lui refuser leur estime et leurs conseils pendant les quatre années de séjour qu'il fit dans la capitale; ses travaux lui furent une ressource suffisante pour se passer des secours de sa famille.

Joseph Parrocel retourna ensuite en Provence à l'âge d'environ vingt ans et passa de là en Italie. Rome fut la première ville qui l'arrêta. Courtois dit le Bourguignon, célèbre peintre de batailles , y était alors en grande estime, il se mit dans son école et suivit ce genre de peinture vers lequel il se sentait entraîné ; la vigueur des tableaux de Bourguignon ne le frappait pas moins que la fierté des figures de Salvator Rosa, qui peignait presque toujours des gens de guerre, et il étudia également ce maître avec ardeur.

Le Bourguignon charmé des progrès de Joseph, lui accorda son amitié, conduisit son travail, et lorsqu'il se séparèrent il l'assura qu'habile comme il était dans un âge si peu avancé, il pouvait espérer de devenir un grand peintre.

Au sortir de Rome, Joseph parcourut les principales villes d'Italie, Venise fut celle où il demeura le plus longtemps, il en étudia les célèbres coloristes et l'on peut dire qu'il en profita tout le cours de sa vie.

Sans négliger le détail, Joseph Parrocel considérait l'effet d'un tableau comme la partie la plus essentielle, il fallait, selon lui, frapper l'imagination de la foule et fixer son attention par des jeux de lumière bien ménagés et par des compositions fougueuses et hardies.

Huit années passées en Italie, dans un travail continuel, l'amour qu'il avait pour ce pays, où il trouva beaucoup de travaux à exécuter et de hautes protections, l'avaient presque décidé à s'y établir, lorsqu'une fâcheuse aventure l'en fit sortir promptement. Sept ou huit assassins apostés par des hommes jaloux de son mérite et de sa réputation qui allait toujours grandissant, l'attaquèrent la nuit, en passant sur le fameux pont de Rialto. Il ne dut qu'à son courage et à une vigueur extrême le bonheur de sortir sain et sauf des mains de ces misérables.

Joseph revint donc en France, où plusieurs personnes de considération l'attirèrent pour la seconde fois à Paris, en 1675. Résolu de s'y fixer, il s'y maria six mois après. Les applaudissements que les connaisseurs donnaient à ses ouvrages, inspirèrent à Parrocel

le désir d'être de l'académie de Peinture. Il
s'y présenta et fut agréé le 29 février 1676.
On lui donna à représenter, pour son tableau
de réception, une vigoureuse sortie de Maës-
tricht, repoussée par les Français, pendant
le siège de cette ville ; Louis XIV y paraît
sur le premier plan, animant par sa présence
et son courage tous ses soldats, qui sont
dans un grand mouvement. (Selon M. Villot ,
ce tableau est actuellement à Versailles).
Joseph Parrocel fut reçu le 14 novembre 1676,
membre de ladite académie royale de Peinture et de Sculpture, et nommé conseiller
en 1703.

Lebrun, dont l'esprit ombrageux craignait
toujours des rivaux, éloigna de la composition un certain nombre de tableaux de Joseph
Parrocel, représentant les conquêtes de Louis
XIV, et qui devaient être exécutées en tapisseries des Gobelins. Il craignait trop le fracas de son coloris ; celui de Vander Meulen
se rapprochant davantage du sien, il fit choisir ce peintre.

Le marquis de Louvois, informé du mérite
de Joseph Parrocel, lui fit peindre un des
quatre refectoires de l'hôtel des Invalides ; ce
sont des conquêtes de Louis XIV. Le conten-

tement qu'en eut ce ministre fut marqué par de nouveaux ordres pour les châteaux de Marly et de Versailles où l'on voit plusieurs sujets de bataille qui auraient attiré sur Parrocel de sensibles effets de sa protection, si une prompte mort n'eut enlevé ce ministre.

Lorsque M. Mansard fut nommé surintendant des bâtiments du roi, Parrocel présenta le passage du Rhin qui lui avait |été commandé pour le château de Marly ainsi que quatre dessus de porte.

Indépendant et fier il négligea de faire sa cour à ce haut fonctionnaire, pour lequel il avait exécuté précédemment plusieurs tableaux dont il n'avait pu être payé. Parrocel le fit assigner, condamner par corps et le fit arrêter dans son carrosse. Le surintendant peu accoutumé a de pareils procédés de la part des artistes et pour se venger de lui, fit mettre à l'écart son tableau. Mais Louis XIV étant à Marly, demanda à le voir, il en fut tellement satisfait qu'il ordonna qu'il fut placé dans la chambre du conseil à Versailles, et en présence des seigneurs qui l'entouraient, il assura à Joseph Parrocel que ses ouvrages lui fesaient beaucoup d'honneur et qu'il était charmé de les voir.

Joseph n'eut plus dès lors à subir aucune tracasserie. Le roi lui commanda encore les tableaux qui ornaient la salle à manger à Versailles , et cinq autres dont l'un est la représentation de la *Foire de Bezons* et les *Quatre parties du monde*. Sa Majesté fit présent dans la suite, de ces derniers tableaux à M. le comte de Toulouse.

Ce peintre fort laborieux travaillait avec une grande facilité , il consultait en tout la nature, extrêmement soigneux dans l'apprêt de ses couleurs, ses teintes sont d'une grande fraîcheur , souvent il employait l'or en poudre, il a quelquefois enchassé des pierreries dans ses cuirasses sans que son coloris en ait souffert la moindre atteinte.

On ne peut, dit d'Argenville, auquel j'emprunte cette notice, montrer plus de génie et plus de feu qu'il n'en fait paraître dans ses tableaux. Avec une touche plus élégante et plus légère , joint à un coloris surprenant , à un pinceau ferme et assuré et à d'admirables effets de lumière , on aperçoit souvent l'attention qu'il avait de conserver à propos l'impresion de la toile, et s'il n'a pas eu une sévère correction dans sa manière de dessiner, il a su, mieux que personne , exceller dans les grands coups de lumière et dans des compositions aussi riches que variées. Jh Parrocel est nouveau dans tout ce qu'il a produit ; on ne peut l'accuser d'avoir suivi aucun goût ; le ressouvenir de tout ce qu'il avait vu ne nourrissait plus son génie ; il tirait tout de son propre fond ; dans ses tableaux de batailles, tout est mouvement, il donne à ses soldats une action propre à exprimer le vrai courage, et le tout ensemble offre aux yeux, cette horreur si nécessaire à la représentation de pareils sujets. Il n'a jamais suivi, comme le Bourguignon et Vander Meulen, les camps et les armées ; au sujet des tableaux de ce dernier où selon lui les soldats ne portent pas leurs coups avec assez de fureur, il disait que ce peintre ne savait pas tuer son homme.

A ces heureux talents, Joseph Parrocel joignait l'amour des belles lettres et une parfaite connaissance de l'histoire sainte et profane, il cultivait la poésie, il avait même composé des cantiques qu'il chantait en travaillant lorsqu'il était seul. Pieux sans affectation, trop franc, trop sincère pour être courtisan, exact observateur des lois, charitable envers les pauvres, il a soutenu avec honneur, quoiqu'avec une fortune très bornée, une nombreuse famille.

Ce peintre était d'une taille au-dessus de la moyenne. Il avait le regard doux et assuré, la physionomie heureuse ; l'égalité de son esprit, une aimable conversation, le faisaient aimer et visiter des seigneurs français et étrangers. Ses talents ne se bornaient pas à peindre des batailles, des marches d'armées, des chasses, des paysages, il peignait encore le portrait, l'histoire et des sujets de caprice. Il abandonna cependant l'histoire , pour s'adonner complètement au genre dans lequel il s'est illustré.

L'Académie reçut de lui avec plaisir, en 1696, une suite de la *Vie de Jésus-Christ*, qu'il avait gravée à l'eau forte et dont la première édition, tirée à un petit nombre d'exemplaires, se composait de 60 pièces, sous le titre de : *les Mystères de la vie de Jésus-Christ, et les Miracles de la vie de Jésus-Christ*. A la deuxième édition, retouchée au burin par lui-même, Joseph Parrocel, en fit deux suites, l'une de 24 pièces et l'autre de 40.

M. Robert Dumesnil , dans son *Peintre-Graveur Français*, a décrit toutes ces pièces, ainsi que divers sujets de guerre et les *Quatre heures du jour*, gravées également par lui, formant un total de 90 pièces diverses. Quelques erreurs dans ces descriptions ont été commises par M. Robert Dumesnil. M. Prosper de Baudicour me les a signalées, il doit les rectifier dans son prochain volume.

D'Argenville, en parlant de ces eaux fortes, dit qu'on y retrouve une intelligence surprenante de la lumière, un feu, une imagination vive qui soutiennent dignement la réputation que Joseph Parrocel s'était faite, d'un grand coloriste.

Voici comment s'exprime M. Robert Dumesnil sur le même sujet :

« Joseph Parrocel a gravé à l'eau forte, d'une pointe spirituelle, mais moins légère que pittoresque. Les estampes que nous allons décrire, dans lesquelles il a su rendre tout le prestige du clair-obscur de ses tableaux ; leurs épreuves d'eau-forte pure, feront à tout jamais le charme des peintres et des amateurs ; mais celles retouchées au burin de sa main, si heureux qu'aient été les changements faits à ses compositions de premier jet, ardentes comme sa pensée, impétueuses comme son génie, n'ont pas obtenu la même faveur, la plupart témoignent trop, en effet, de son peu d'habileté à gouverner l'outil.»

La vie de cet excellent homme, dit d'Argenville, fut terminée par une attaque d'apoplexie qui le surprit en se mettant à table, en l'année 1704, à l'âge d'environ cinquante-sept ans. On le porta à l'église St-Sauveur, sa paroisse ; il fut inhumé en face de la chapelle de St-Joseph (1).

De ses nombreux enfants, ceux qui se distinguèrent le plus, furent Charles Parrocel, peintre de Louis XV, son élève, ainsi que Jean-Joseph Parrocel, devenu plus tard chevalier de St-Louis et ingénieur en chef du port et de la ville de St-Malo.

Ses autres disciples étaient François Silvestre de l'Académie, peintre de paysages, et ses deux neveux, fils de son frère Louis, établi à Avignon ; Ignace-Jacques Parrocel et Pierre Parrocel.

(1) Achard prétend que Joseph Parrocel mourut à Aix le 1er mars 1704 et qu'il fut inhumé à l'église St-Sauveur ; j'ai feuilleté les registres de ladite paroisse ainsi que ceux des autres églises d'Aix et je n'ai rien trouvé qui confirme ce fait.

La coutume de dessiner de Joseph Parrocel était de se servir d'un trait de plume et de laver au bistre ou à l'encre de Chine, en couvrant le lavis de hachures assez négligées et un peu croisées, en relevant le tout avec du blanc au pinceau, ce qui fait un aussi grand effet que ses tableaux ; ses figures , ses chevaux sont bien dessinés, tout est touché avec esprit, avec feu , cependant un faire tout différent de celui de Bourguignon et de Van-der Meulen servira à le faire distinguer de ces deux grands maîtres.

Dans une église de Dunkerque , à la chapelle de la communion , on voit de lui un sujet de l'apocalypse, ce sont les vingt-quatre vieillards, prosternés devant le trône de l'agneau.

En 1694 , il fut chargé par la Compagnie des orfèvres d'exécuter le tableau votif qu'ils offraient le 1er mai à l'église Notre-Dame ; ce tableau représente la *Prédication de St-Jean-Baptiste* dans le désert, il existe encore dans cette cathédrale.

Il peignit également à Paris , dans le réfectoire des Petits-Pères , de la place des Victoires, *St-Augustin faisant des miracles.*

Avant la révolution , on voyait de lui , à l'hôtel de Soubise, le père du prince à cheval et de grands portraits en pieds de plusieurs personnes de cette maison ; ils ornaient la grande salle et ils étaient placés entre les croisées.

Souvent il faisait d'excellents morceaux de batailles dans les fonds des grands portraits de Rigaud.

On voyait à Versailles , dans les appartements du roi, onze sujets de batailles qui ornaient la salle à manger, et sur la cheminée de la salle des gardes , un combat où des gardes du roi terrassent quelques cavaliers avec des lances ; on l'appelle la bataille de Leuze.

Indépendamment de la suite de la vie de Jésus-Christ, que j'ai mentionné plus haut, Joseph Parrocel a également gravé de sa main, à l'eau forte , un missel pour l'église Notre-Dame, orné de dix à douze vignettes, plus quatre batailles moyennes et les quatre heures du jour.

Roullet a gravé, d'après lui, un frontispice où David apporte à Saül la tête de Goliath, et quatre différentes vignettes qui ont servi à des livres.

Il existe de lui actuellement à Versailles , sous le n. 783 , une vue de la place Royale de Paris vers 1680 : le cortége d'un ambassadeur fait le tour de la place et va sortir par le pavillon du roi ; les voitures , attelées de huit cheveaux, sont conduites par des laquais à la livrée du roi.

Le combat de Leuze figure également à Versailles sous le n. 160. Il fut peint par Joseph Parrocel à l'occasion de la victoire que le maréchal de Luxembourg remporta le 18 septembre 1691, à Leuze , sur le prince de Valdek , qui commandait l'arrière-garde de l'armée ennemie ; le maréchal n'avait que vingt-huit escadrons contre soixante-quinze; on tua aux ennemis quatorze ou quinze cents hommes , on leur fit plus de trois cents prisonniers et on leur prit quarante étendards ; la maison du roi se distingua dans ce combat. (Livret de Versailles.)

Les autres tableaux mentionnés précédemment comme figurant à Versailles , ont été distribués dans diverses maisons royales.

Joseph Parrocel a dessiné de diverses manières ; j'ai mentionné la plus usuelle décrite par D'Argenville.

Les principaux catalogues de l'Europe, en

décrivant les dessins de lui qu'ils possédaient, ont déterminé la façon dont ils étaient exécutés, en en fesant le plus grand cas. Je citerai quelques-uns de ces catalogues que M. Menut, un des collectionneurs les plus riches en dessin de notre ville., a mis avec une excessive obligeance à ma disposition.

Ce sont : le Musée de Montpellier, février 1773 ; Alliance des Arts, Dunoup ; Lebas , Watelet, de 1787 ; Robelot, Vandenzande, N.-R. Mariette , Bassan , Lempereur , de Julienne, de St-M***, Nouri, Baudoin, Potier, Cayeux, de 1758; Thibaudeau, duc de Tallard, D'Argenville, Boileau, Latour-D'Aigues, Disjonval, Villenove, prince de Ligne.

Michaud, dans sa Biographie universelle , 1823, porte le jugement qui suit sur les œuvres de Joseph Parrocel.

Son coloris est chaud et brillant, sa touche heurtée est pleine de verve ; ses effets de lumière sont vifs et piquants ; ses compositions sont remarquables par le fracas. la fougue et l'enthousiasme ; enfin, le plus grand éloge que l'on ait cru lui adresser, est d'avoir tout tiré de son propre fond. Pour nous, c'est un tort ; nous trouvons le mouvément tant soit peu exagéré et l'expression de ses figures un peu

outrée ; la plupart de ses tableaux ont noirci
avec le temps, surtout dans les ombres ; le
bleu dont il s'est servi pour peindre ses ciels
à la manière des vénitiens, a également poussé
au noir ; enfin , l'usage trop fréquent des
huiles siccatives pour les glacis de ses tableaux, a écaillé la peinture en plusieurs endroits ; dans un grand nombre de ses ouvrages, et l'on en connait peu qui aient échappé
à cette méthode funeste. Ses dessins ne sont
pas moins estimés ; ils sont faits à la plume
sur un simple trait de crayon et ordinairement lavés à l'encre de Chine ; il y en a
quelques-uns de coloriés, où l'on retrouve le
même feu que dans ses batailles. Il s'est
exercé dans l'histoire avec moins de succès.

Joseph Lebas est du même avis , son
coloris est chaud et brillant, dit-il , et sa
touche pleine de verve , malheureusement
plusieurs de ses tableaux ont perdu de leur
premier mérite à cause de l'altération qu'ont
éprouvée les couleurs.

L'observation de Michaud et Joseph Lebas
est parfaitement juste , *la bataille de Leuze*
et la *vue de la Place Royale* que j'ai exami-
nées à Versailles , ont beaucoup poussé au
noir.

J'ai fait la même observation dans les deux tableaux que possède M. Fournier de Brignoles, lesquels constamment portés sur les inventaires de sa famille , y sont depuis plus de cent ans; ce sont des épisodes des guerres des français contre les turcs, réentoilés il y a une vingtaine d'années ; il sont dans un bon état de conservation.

Le choc de cavalerie à l'entrée d'une forêt provenant de la collection de Calvet, fondateur du musée d'Avignon, et qui figure dans ledit musée sous le n. 195, a subi la même détérioration.

Il n'en est pas ainsi d'une *bataille de cavalerie*, esquisse très-avancée, donnée par M. Auguste Imer et attribuée, dès le principe, à Bourguignon.

Sur le premier plan, quelques cavaliers se battent à outrance ; sur la gauche, un canon vomit la mitraille ; dans le fond on aperçoit la mêlée ; c'est éblouissant de soleil. Il porte le numéro 75.

Il existe encore au musée d'Avignon une halte d'officiers supérieurs qui se disposent à faire un repas; elle provient de la collection Sauvan et porte le numéro 196 ; elle est attri-

buée par le livret à Joseph Parrocel ; c'est là
une erreur. Un simple coup d'œil donné aux
toiles que possède M. le marquis de Javon
Baroncely, à Avignon, et peintes par Joseph-
François Parrocel (1), suffit pour prouver
que le tableau précédent doit être restitué à
ce dernier.

L'église Saint-Pierre d'Avignon possède
également deux tableaux de Joseph Parrocel, lesquels, à part la poussière qui les couvre, n'ont subi aucune altération. L'abbé
Meynet, conservateur du Musée d'Avignon
en l'an X de la république, en donne la
description suivante dans son catalogue :
numéro 6. Saint-Antoine de Padoue, faisant
un miracle, touchant son père accusé d'assassinat ; original par Joseph Parrocel, de
l'école française.

Le père de Saint-Antoine étant sur le point
d'être condamné à mort, comme assassin, le
saint commande, au nom de Jésus-Christ, à
celui qui avait perdu la vie, et que l'on voit
enveloppé dans son suaire, de déclarer tout
haut si son père est l'auteur de l'assassinat.

---

(1) Joseph-François Parrocel, de l'Académie, et peintre
du roi.

Le mort se lève aussitôt et dit publiquement que l'accusé est innocent.

Ce tableau est plein d'expression. Ici c'est Saint-Antoine qui parle au mort et il le ressuscite ; là le père est lié et conduit au supplice; quantité de personnes gémissent à la vue de ce spectacle, mais leurs chagrins se tournent en joie, au moment où ils deviennent témoins de la résurrection du mort et de l'innocence du père de Saint-Antoine ; le fond de ce tableau est magnifique, le coloris en est très beau, les airs de tête bien dessinés, tout l'ensemble très correct; la forme du tableau est triangulaire.

N. 8. Saint-Antoine de Padoue, prêche et convertit plusieurs idolâtres. Original par Joseph Parrocel.

Les sermons de ce saint faisaient si grand bruit, que sa réputation se répandit partout et opéra plusieurs conversions, aussi on remarque dans ce tableau un nombre infini d'idolâtres qui accourent à lui et qui tous veulent l'entendre.

Le costume et les têtes de femmes sont d'un coloris qui ne laisse rien à désirer ; on voit une mère qui dirige avec son doigt les yeux de son enfant qui rit, et dont le sourire est si gracieux qu'il vous épanouit l'âme ; les carnations de toutes les figures qui sont dans ce tableau sont vraies , les attitudes en sont bonnes , le ton des couleurs y est très-distingué par l'accord et l'harmonie qui y règne ; les draperies sont bien jetées, le fond du tableau est une espèce de paysage où les arbres qui s'entrelacent donnent une grande idée de celui qui les a peints. Le cadre est triangulaire.

Ces tableaux et nombre d'autres des Parrocel dont je parlerai en temps et lieu , avaient été enlevés aux églises lors de la ré-volution et déposés au musée ; à la Restaura-tion, il ont été restitués aux confréries et aux églises auxquelles ils appartenaient.

Le premier de ces tableaux est placé à droite en entrant par la porte principale de l'église et le second dans une des chapelles de gauche.

L'église Saint-Symphorien à Avignon pos-sède également de Joseph la *Diacre Philippe* et l'*Eunuque de la Reine de Candace.*

Parmi les tableaux de Joseph Parrocel dont le coloris n'a subi aucune altération , je dois citer également les deux chasses que possède M. le comte De Sinety à Aix, et dont il m'a affirmé avoir vu les pendants au Louvre, bien que la notice du Musée Impérial n'en fasse pas mention (1). Ces tableaux sont largement peints et ils inaugurent, en quelque sorte, par la manière dont sont disposées les figures, le genre Wateau.

Les quatre grandes batailles qui existent à Chantilly, sont dans le même cas; ce sont des sujets de guerre des Condés, non pas du grand, les costumes étant d'une date postérieure.

Lord Mac Call a eu l'obligeance de m'écrire au sujet de ces tableaux, m'affirmant leur excellent état de conservation et la grande habileté avec laquelle ils sont traités.

En Danemarck, la galerie royale à Copen-

---

(1) Tous les ans un certain nombre de tableaux sont relégués dans les magasins et les greniers qui contiennent des chefs-d'œuvre. Si ma voix avait le privilège d'être entendue, je demanderais que toutes ces toiles, dont les dimensions colossales de quelques-unes s'opposent à leur réssurection, et qui disparaissent sous une immense couche de poussière, je demanderais, dis-je que le splendide palais de l'Industrie en fut tapissé à tour de rôle. Il n'y aurait pas assez d'yeux à Paris pour venir admirer cette merveilleuse exhibition, et assez d'éloges pour l'auteur de cette mesure nationale.

hague, possède *une bataille* de Joseph Parrocel (1).

En Italie, la grande galerie de Florence : *un choc de cavaliers* (2).

En Russie, à St-Pétersbourg, dans la galerie de l'Ermitage, qui possédait en 1838, 222 tableaux de l'école Française, la plupart gravés au trait par Labenski en 1805, il existe également quatre tableaux de Jh Parrocel : *Marche d'un convoi*; *Saint-Martin* coupant son manteau pour en donner la moitié à un pauvre ; un *combat de cavalerie* et une *attaque d'une ville fortifiée* (3).

Le livret de l'exposition de 1699 dit que seize tableaux de Joseph Parrocel, conseiller de l'Académie, étaient placés dans le trumeau n° 13. Ils se composaient de paysages, de siéges de ville, de marches militaires, de corps-de-garde où des soldats jouent, plus, d'un Christ et d'une Vierge. M. de Ponchara, marquis de Bannes, habitant Gémenos, près Marseille, possède un beau portrait de noble François-Sébastien de Calvet, de la ville

---

(1) Dussieux, artiste français à l'étranger.
(2) Dussieux.
(3) Dussieux.

d'Avignon , peint par Joseph Parrocel. Je l'ai
vu, il est parfaitement conservé, il est coiffé
à la Louis XIV. Les vêtements sont largement
traités. Le portrait de Joseph Parrocel, peint
par Rigaud , a été gravé en grand par Will ,
et en un plus petit format par Schmit.

Il est difficile de juger aujourd'hui de
l'effet des tableaux de Joseph Parrocel ,
en raison de l'altération qu'ont subie les
couleurs ; il faut donc s'en rapporter à
l'impression qu'ils ont produite sur ses contemporains.

Graveur lui-même , on a très peu gravé
d'après lui , ce qui fait que ses tableaux sont
moins connus que ses eaux fortes.

Voyez , dont le nom comme graveur est
fort peu répandu , a reproduit un tableau ,
appartenant à M. Damery, représentant Josué
arrêtant le soleil. L'habitude où étaient alors
ces artistes de copier directement les tableaux
sans les renverser sur leurs planches , donne
aux personnages ainsi exécutés une certaine
gaucherie , surtout dans les tableaux de

bataille , où tous les cavaliers guident leurs montures de la main droite et tiennent leurs épées de la main gauche : c'est ainsi qu'a été exécutée l'estampe de Voyez. Néanmoins, ce dernier a su rendre avec bonheur les énergiques contrastes ainsi que l'éblouissante lumière qui se rencontraient dans l'œuvre de Joseph Parrocel.

D'Argenville dit que Parrocel donnait à chacun de ses soldats l'expression propre à représenter le vrai courage. Un coup-d'œil attentif jeté sur l'estampe de Voyez , démontre la puissance d'observation et le génie qu'il déployait également lorsqu'il traitait les chevaux.

Je disais naguère, dans mon compte-rendu du *Salon Marseillais* de 1860 , à propos des tableaux d'Ary Scheffer, cette maxime prise par lui pour devise : « L'expression est la loi suprême de l'art. » Eh bien, J. Parrocel était, lui aussi , pénétré de cette pensée.

En considérant le cheval de Josué qui se cabre en rongeant son frein , les naseaux fumants, la tête relevée dédaigneusement sur son cou arrondi , les oreilles droites , la crinière au vent , et dont les yeux intelligents aux sourcils froncés lancent des éclairs, on est soi-même impressionné, car on ne peut rêver plus d'audace et tout à la fois plus de fierté et d'ardeur que n'en a prodigué Joseph Parrocel dans les allures et la physionomie du belliqueux coursier du chef ; on voit que, orgueilleux de son fardeau, insensible au danger, le noble animal flaire avec ivresse le champ de bataille au milieu duquel il brûle de voler.

Par opposition, de l'autre côté du tableau, le cheval barbe qui sert de monture au porte-drapeau de l'armée ennemie, s'enfuit épouvanté, le cou tendu, l'oreille basse, la prunelle dilatée, jetant en arrière sans détourner la tête un coup d'œil rempli d'une folle terreur.

Mais au centre, que dire de cette terrible mêlée dont on suit les péripéties jusqu'aux dernières limites de l'horizon, de ces chevaux se heurtant avec une furie sans égale, les uns debout, les autres renversés, et dont les regards flamboyants chargés de haine, se croisent pleins de colère ? Animés des mêmes sentiments que leurs maîtres, hennissant douloureusement mais avec fierté, la bouche écumante et entr'ouverte, ils semblent même en tombant prêts à s'entredéchirer.

Expression poussée à ses dernières limites, effets de lumière inattendus, étranges et puissants, verve inépuisable, grandeur de l'image dans ses œuvres, ce sont là les qualités qui constituent le génie propre de Jh Parrocel et qui ont fait de lui un des peintres de batailles les plus célèbres que la France eût encore produit.

J'ajouterai : c'est surtout dans les esquisses de premier jet que Parrocel déployait une fougue extraordinaire, malgré la rapidité de son exécution la plume et le crayon ne pouvaient obéir assez vite à la fièvre qui l'agitait et à l'effervescence de son cerveau, dans lequel se succédaient avec la rapidité de l'éclair les scènes les plus incroyables ; pouvait-il soigner le trait ? non, il jetait sa pensée avec une fougue étourdissante, mais on la lit pleinement : elle est là palpitante devant vous.

Indépendamment de ses œuvres gravées je possède quelques dessins de lui, entr'autre une de ces esquisses extrêmement pochée, représentant le sac de la ville de Besançon, décrire la verve répandue sur cette modeste feuille de papier est une chose impossible.

Ces femmes enlevées ou poursuivies par une soldatesque effrénée , ces hommes précipités du haut des fenêtres dans la rue pêle-mêle avec les meubles que les pillards font voler en éclats après avoir dévalisé les habitants , puis ces prisonniers garottés et traînés par les cheveux, ces moutons effrayés qu'un soudard pousse devant lui, se heurtant dans une cohue indescriptible d'êtres humains renversés et piétinés par un grand cheval qui se cabre, culbutant tout sur son passage et dont le cavalier domine ce tumulte effroyable en paraissant l'encourager du geste ; tout cela, au milieu des tourbillons de flammes et de fumée sortant par les toîts ou les ouvertures des maisons qui servent de cadre à cette horrible scène que l'incendie éclaire de ses fauves lueurs , offre bien, vu à distance, l'effrayant tableau d'une ville prise d'assaut où le viol, le meurtre le pillage et l'incendie règnent en souverains.

VI

JEAN-JOSEPH PARROCEL

Dessinateur et Ingénieur en chef du Port et de la ville
de Saint-Malo.

J.-J. Parrocel, fils aîné de Joseph Parrocel
des Batailles, au rapport de D'Argenville,
dessina dans sa jeunesse et fut, selon lui,
un ingénieur distingué. Ayant fait des études spéciales, J.-J. Parrocel entra au régiment royal artillerie.

Sa nomination au grade de sous-lieutenant
date de 1706 (1).

Il assista à la prise de Lerida, en 1707 ; il

---

(1) Son excellence M. le Ministre de la Guerre, sur
ma demande, m'a adressé ses états de service.

fut nommé ingénieur en 1710. Il servit en cette qualité dans les armées de Flandre et du Rhin.

En 1719, il fit de nouveau partie de l'armée d'Espagne, et, placé sous les ordres de Claude-François Bidal, marquis d'Asfeldt. directeur général des fortifications, il obtint le grade de capitaine, en 1720.

Ses nombreux services valurent à J.-J. Parrocel des lettres de noblesse ; il fut fait chevalier de Saint-Louis la même année. Il resta dans l'armée active jusqu'en 1727, époque où ayant été nommé chef ingénieur, il vint en cette qualité, peu de temps après, prendre la direction des fortifications à St-Malo, où il mourut en 1744.

D'importants travaux de défenses ont été exécutés, sous ses ordres, dans cette ville.

Son frère, Charles Parrocel, appelé par ordre du roi, pour peindre ses conquêtes, obtint de Sa Majesté un sursis ; il assista ses derniers moments.-

VII

CHARLES PARROCEL

Peintre et Graveur,

FILS DE JOSEPH.

Charles Parrocel, fils cadet de Joseph Parrocel et son élève (1), naquit à Paris, le 6
mai 1688. Comme il était encore fort jeune
lorsqu'il perdit son père, ce fut Charles de
La Fosse, son parrain, un des rares coloristes de l'école française, qui le prit à son tour
chez lui et qui compléta en partie ses études.
Il devint, comme son père, peintre de batailles, et coloriste (2) comme son second pro-

---

(1) D'Argenville.
(2) Ch. Blanc.

fesseur. Poussé par son goût naturel pour l'état militaire, autant que par le désir de se rendre plus habile dans le genre qui avait illustré le nom qu'il portait, il s'engagea en 1705 dans la cavalerie; il était alors âgé de dix-sept ans (1).

Là il se familiarisa avec les modèles qu'il devait peindre, et s'y appliqua particulièrement à l'étude des chevaux ; il en vint a savoir par cœur, non-seulement la construction et les formes du cheval, mais tous les détails du harnachement, si bien qu'après les avoir longtemps dessinés d'après nature, il se trouva en état de les dessiner de pratique, avec une justesse surprenante. Les allures du cavalier, aussi bien que le mouvement et les habitudes de sa monture, la diversité de

(1) M. Charles Blanc est le seul écrivain qui s'appuyant sur le témoignage de Cochin, affirme que Ch. Parrocel s'est engagé à dix-sept, Jean-Joseph Parrocel, son frère aîné, étant entré au service vers 1700, il se peut que cette circonstance ait donné lieu à cette version. D'Argenville, Joseph Lebas, Michaud, en un mot tous les ouvrages que j'ai consultés prétendent que Ch. Parrocel, s'est engagé alors qu'il était membre de l'académie et professeur. Bien qu'il eût déjà obtenu beaucoup de succès dans le genre qu'il avait adopté. La version de M. Ch. Blanc me paraissant plus naturelle, je l'ai adoptée à mon tour et je lui emprunte sa notice, à part quelques légers changements et des additions qui m'ont paru nécessaires

physionomies que l'on peut observer dans un régiment, dont les soldats sont originaires de différentes provinces, la coupe et les plis des uniformes, les armes, les chapeaux, tout cela s'était imprimé si fortement dans sa mémoire, qu'on pouvait lui supposer une imagination très-féconde et croire qu'il inventait quand il ne faisait que se souvenir.

Il ne resta pas longtemps au service où, enfin, ses talents auraient pu se perdre ; sa mère l'en retira ; alors il se livra tout entier à l'étude, et plein de l'idée de campements (1) de bataillons et d'escadrons, il se plaisait à les représenter ; son goût le portait à la couleur, et les maîtres qui le touchaient le plus étaient les coloristes, tels que Rubens et Van-Dyck ; il recueillait volontiers les estampes gravées par eux ; ce n'était point pour les imiter servilement, ni pour enrichir ses ouvrages d'idées dérobées, l'abondance de son génie, au contraire, lui avait diffici-

---

(1) Les études qu'il fit pendant trois campagnes sont considérables et pour le nombre et pour leur excellence ; la souplesse, la cadence, la vérité du mouvement dont est susceptible un cheval, rien ne lui est échappé ; il en avait étudié à fond l'anatomie et personne n'a assurément mieux dessiné les chevaux que lui, talent assez rare, même parmi les plus grands peintres (d'Argenville).

lement permis, dans le cours de ses études, de s'assujettir à copier; il a toujours été persuadé que l'imitation vraiment utile des grands maîtres, consiste à regarder leurs ouvrages avec réflexion, et à se les graver si bien dans l'esprit, qu'on puisse parvenir à voir la nature avec des yeux aussi éclairés.

Malgré ses bonnes idées sur l'imitation des maîtres et bien qu'il se tînt en défiance contre ce défaut, le plus grave de tous, Charles Parrocel ne laisse pas que de rappeler dans ses tableaux, qui sont rares, et dans ses dessins, qui sont nombreux, les peintres de batailles qui l'ont précédé: tantôt il veut refaire ces fières mêlées dont son père savait si bien rendre la confusion et l'horreur, soit dans ses rudes peintures, soit dans ses eaux fortes si pittoresques et si colorées ; tantôt il recommence les rencontres du Bourguignon, mais avec moins de mouvement, de vivacité et de tapage, et d'une touche qui n'est ni si hardie, ni si pétillante, ni aussi bien mouchetée de coups de pistolet. Quelquefois, il a des réminiscences de Salvator Rosa, mais ce n'est plus la fureur d'un combat de brigands, qui se déchirent dans une plaine

affreuse, au pied des rochers les plus sauvages,
ce sont des engagements de gardes françaises qui ont revêtu des cuirasses pour ressembler aux héros du peintre napolitain ; encore
est-ce, le plus souvent, après ou avant la bataille, ou dans une halte, que le peintre français les met en scène, de façon que le farou-
che Salvator reparaît dans les tableaux de
Ch. Parrocel non-seulement francisé, mais
très humanisé et fort adouci ; il arrive aussi
que son œuvre fait songer aux campements
de Wateau et aux pastorales de Berghem,
traduites par Boucher ; mais il montre un
peu plus d'originalité dans les épisodes jour-
naliers de la vie militaire, par exemple : des
cavaliers qui reviennent du fourrage, des
gardes suisses qui festinent sur l'herbe, auprès de la tente des vivandières, le lampion
sur l'oreille, devisant des combats auxquels
ils n'ont pas assisté.

Peu d'années après qu'il eut quitté le service (1) et bien que ses ouvrages lui eus-
sent déjà mérité plusieurs prix à l'académie

---

(1) D'Argenville, l'a connu à Rome en 1713. Je possède
un dessin signé de lui en 1714 à Rome; intitulé : *Assemblée
d'amis à la Serena, tous français*

Charles Parrocel fit le voyage de Rome à ses dépens, et il ne fut nommé pensionnaire du roi à l'école alors dirigée par Poerson , que quelques temps après , sur un tableau qu'il fit en cette ville ; c'est un *Moïse sauvé des Eaux*.

Après avoir fini son temps, Charles Parrocel parcourut l'Italie, alla jusqu'à Malte et fut ensuite à Venise pour y étudier les grands coloristes. C'est là qu'il vit dans le palais du noble seigneur Sagredo , plusieurs tableaux du Bourguignon, qui avaient été exécutés sur des cuirs dorés dont le fond d'or était ménagé en plusieurs endroits pour le luisant des cuirasses. Ces tableaux échauffèrent son imagination, et il fut plus que jamais résolu de suivre le genre dans lequel il lui semblait que Joseph Parrocel et Bourguignon avaient excellé.

De retour à Paris et sa réputation commençant à s'étendre , il se présenta à l'académie de peinture le 3 février 1721 ; et par une singulière faveur que lui valut sans doute le souvenir de son père, il fut reçu d'emblée sur l'un des deux tableaux (un combat d'infanterie et de cavalerie) qu'il présentait pour être agréé , et il ne fut point obligé de faire ce qu'on appelait un morceau de réception.

Cette même année, pendant l'hiver, un ambassadeur turc fit son entrée à Paris, elle fut pompeuse, et d'autant plus favorable pour la peinture, qu'il la fit à cheval et que les habillements des turcs sont pittoresques et magnifiques ; Charles Parrocel fut chargé, par M. le duc d'Antin, surintendant des bâtiments , de reproduire sur la toile ce riche spectacle ainsi que la sortie du même ambassadeur par le pont tournant, après son audience. Le roi habitait les Tuileries; on donna à Ch. Parrocel un logement et un atelier dans ce palais où il fit les esquisses de ces deux sujets qu'il présenta à Sa Majesté. Il exécuta ensuite ces tableaux sur des toiles de 22 pieds de long ; elles furent universellement admirées , et elles sont un des plus beaux morceaux que l'on puisse citer en son genre. Placées dans les appartements à Versailles, vis-à-vis l'un des chefs-d'œuvre de Vander Meulen , (le Pont-Neuf) , cette concurrence ne les détruit pas , et si l'on admire dans ce dernier quelques détails rendus avec plus de finesse , Charles

Parrocel l'emporte d'autre part, par le feu de l'imagination, par la vigueur du coloris et par la facilité et le large du pinceau (1).

Le roi donna dans la suite, à Charles Parrocel, un appartement aux Gobelins avec une pension de 600 livres. Alors il commença à peindre en grand les deux mêmes sujets qui

---

(1) Le vendredi, 21 du mois de mars, dit Saint-Simon, le prince de Lambesc et Rémond, introducteur des ambassadeurs, allèrent dans le carrose du roi, prendre l'ambassadeur à son hôtel, et aussitôt, ils se mirent en marche pour aller à l'audience du roi ; la compagnie de la police avec ses timballes et ses trompettes à cheval, le carrosse de l'introducteur, celui du prince de Lambesc, entourés de leurs livrées, précédés de six chevaux de main et de huit gentilshommes à cheval ; trois escadrons d'Orléans, douze chevaux de main menés par des palefreniers du roi à cheval , trente-quatre livrées à cheval, deux à deux sans armes ; puis, Merlin, aide introducteur, et huit des principaux turcs à cheval ; le fils de l'ambassadeur à cheval, seul, portant sur ses mains la lettre du Grand-Seigneur, sur une étoffe de soie ; six chevaux de main harnachés à la turque, menés par six turcs à cheval ; quatre trompettes du roi à cheval.

L'ambassadeur suivit entre le prince de Lambesc et et l'introducteur, tous trois de front à cheval, environnés de valets de pieds Turcs et de leurs livrées, cotoyés de vingt maîtres du régiment, colonel-général, ce même régiment précédé des grenadiers à cheval ; puis, le carrosse du roi et la connétablie.

L'ambassadeur avec tout ce qui l'accompagnait et toute sa suite à cheval, entra par le pont tournant, dans le jardin des Tuilleries ; les régiments des gardes françaises et suisses étaient en haie des deux côtés, les tambours rappelant et les drapeaux déployés ; l'ambassadeur passa ainsi à cheval, le long de la grande allée, entre deux haies, jusqu'au pied de la Terrasse où il mit pieds à terre.

ont été exécutés en tapisserie dans la même manufacture des Gobelins (D'Argenville.)

Louis XV ayant ouï parler à Latour des talents de Charles Parrocel, s'était souvenu du nom de ce peintre et l'avait désigné pour quelques peintures à faire dans les petits appartements de Versailles et dans celui du duc de Bourgogne. L'artiste y peignit une chasse à l'éléphant , une chasse au taureau sauvage et deux dessus de porte dont l'un représente un camp du régiment du roi et l'autre un conseil de guerre à cheval.

En 1744, Charles Parrocel reçut l'ordre de suivre le roi à l'armée; mais il ne put exécuter immédiatement cet ordre, ayant été obligé de partir pour St-Malo, où l'appelait son frère mourant. Il se rendit plus tard à son poste et il fut présent , selon Mariette , à la bataille de Fontenoy , dont il fit le tableau d'après les conseils que voulut bien lui donner le maréchal de Saxe , sur la disposition des corps d'armée , dans cette journée fameuse. Selon d'Argenville , le roi y paraît à cheval, parlant à M. d'Argenson, le ministre, et il est entouré de plusieurs officiers généraux, dont les têtes sont assez ressemblantes.

Il dessina en Flandre les dix sujets concernant les conquêtes du roi , dont les dessins figurèrent à l'exposition de 1746. Ces tableaux devaient être exécutés d'après ces dessins pour Choisy. Le seul qu'il ait terminé, est la bataille de Fontenoy. Charles Parrocel avait commencé la bataille de Lawfeld étant paralytique, il ne la put terminer. Ce tableau fut achevé par Pierre Franque; il existe à Versailles sous le n. 213.

Si l'on ajoute à cette suite une halte qui fut peinte pour la salle à manger de Fontainebleau et un portrait équestre de Louis XV pour le château de la Muette, on aura la liste complète des travaux commandés à Ch. Parrocel par la Surintendance des Arts. Ne se croyant pas assez habile pour saisir les ressemblances, Ch. Parrocel avait chargé Jean-Baptiste Vanloo de peindre la tête du roi , et cette collaboration donna lieu à une querelle des plus vives qui pensa finir par un coup d'épée , grâce au caractère peu endurant de Parrocel et à ses allures militaires.

D'Argenville (1), en mentionnant ses ouvra-

---

(1) Dezollier d'Argenville, né à Paris le 4 juillet 1680 , mort le 20 novembre 1765, a publié l'abrégé de la vie des plus fameux peintres en 1745, chez Debure, à Paris

ges , cite un portrait du roi à cheval pour le prince Charles de Lorraine, celui de M. le duc d'Orléans, dernier mort, également à cheval et dont la tête est de Coypel , et celui de M. le duc d'Orléans. Il a fait , dit également d'Argenville , plusieurs tableaux de batailles , entr'autre une rencontre de cavalerie, gravée par le sieur Preicler pour le roi de Danemark ainsi que son portrait à cheval ; celui du roi est gravé par Larmessin , et un autre par Thomassin.

Il a fait de plus une bataille de cavalerie, deux campements de gardes suisses et français, une bataille de cuirassiers, un espion qu'on amène au général, un coup de tonnerre, un repos , une marche d'infanterie , une attaque, puis le morceau pour le buffet de la salle à manger du roi, à Fontainebleau.

Il fit, pendant la prévoté du président Turgot, un dessin de cent dix pieds de longueur, représentant la publication de la paix faite en 1748, il a laissé par testament ce magnifique dessin à l'académie, il devait l'exécuter en peinture.

---

2 vol. de supplément en 1752 ; une nouvelle édition de cet ouvrage a paru chez le même éditeur, revue, corigée, augmentée et ornée de 300 portraits, en 1762 , en 3 vol.

Plusieurs sujets de bataille et des sujets d'histoire ainsi que des études de cavalerie, sont répandus dans les cabinets de Paris ; on voit encore quelques traits de l'histoire de Charles Ier, roi d'Angleterre.

En 1736, il dessina pour l'école de cavalerie de la Guerinière trente-sept morceaux dont il a gravé de sa main dix huit pièces décrites par M. Robert Dumesnil, dans son second volume ainsi que diverses autres estampes étrangères au précédent ouvrage et formant un total de trente-sept pièces.

Il a gravé à l'eau forte, dit M. Robert Dumesnil, d'une pointe badine et spirituelle.

Les modèles des habits uniformes des troupes dont il a gravé quatre à cinq feuilles au trait, sous le titre de : Différents habits de cavalerie et d'infanterie, ne sont pas décrits par M. Robert Dumesnil.

La chasse du lion et celle du tigre qu'il a peintes pour le duc de Mortemart, ont été gravées par Desplaces ; Lebas a gravé une rencontre de cavaliers, l'épée à la main ; une halte de gardes françaises, une des gardes suisses, une danse italienne dans le style de Wateau, ainsi que plusieurs bergeries; ce sont les quatre heures du jour, en hauteur.

Cochin a fait un camp volant et un retour de campagne. Il y avait un dessin de cinq pieds de long, représentant une escarmouche de hussards, qu'on devait graver,

Cochin a fait encore plusieurs sujets de guerre, ainsi que Crespy, Thomassin, G. Scotin.

La défaite des Ligueurs par Henri IV, ainsi qu'un combat de cavalerie, sont gravés par Marcenay.

Les premières pensées de Ch. Parrocel, ajoute d'Argenville, étaient toujours ses favorites; il y mettait tout d'un coup le feu et la liberté de main dont il était capable.

Dans les dessins coloriés qui ont figuré à l'exposition du Louvre en 1746, il a fait sentir combien le pinceau manié par le sentiment, a d'expression, de chaleur et de vérité; il animait vraiment la toile et tout y était mouvement. Avouons-le cependant, quoique ses tableaux soient piquants de lumière, leur ton gris est bien différent de celui de son père; il n'a jamais pu prendre le coloris de la nature.

Le caractère doux et aimable de Ch. Parrocel lui fit beaucoup d'amis. Il a vécu dans le célibat. Tous les soirs, il faisait un dessin bien arrêté, ordinairement le trait était à la plume, et ombré avec du bistre ou de l'encre de Chine. Il disait que la qualité la plus essentielle pour un peintre était l'imagination, qui, une fois échauffée, produisait l'enthousiasme et enfantait ainsi de belles choses.

Ch. Parrocel eut une attaque de paralysie en revenant de Flandres, en 1749, et une autre en 1751 qui l'obligea d'aller aux eaux de Bourbon. Il est mort aux Gobelins d'une hydropisie de poitrine.

Ses meilleurs élèves sont les sieurs De La Rue et Lenfant , tous deux de l'Académie, ainsi que M. Eyret et M. Causset, son filleul, qui avait son logement aux Gobelins.

Ses dessins sont pleins de feu et d'intelligence : on en voit de tous faits à la sanguine extrèmement pochés, mais d'une grande manière.

Il semble, dit à son tour M. Ch. Blanc dans sa notice, qu'un aussi habile peintre de chevaux que M. Ch. Parrocel aurait dû avoir accès dans le grand monde , où l'amour des chevaux est une manière de distinction et d'élégance. Ch. Parrocel était pourtant fort peu employé, tandis que Lancret , avec ses petits sujets de modes, ses conversations galantes et ses gentillesses, fesait les délices de la haute bourgeoisie et de la cour. Une aussi injuste préférence avait irrité Parrocel, dont l'humeur était naturellement mélancolique et ombrageuse. Ce sentiment se changea bientôt en haine contre Lancret, à l'occasion d'une place de professeur devenue vacante par la mort de Vivien. Ch. Parrocel, qui avait été élu conseiller en 1735 , aspirait au professorat ; mais il fut fortement traversé dans ce désir par Lancret qui, étant conseiller comme lui, représenta que ce serait avilir ce grade Académique , dont la dignité n'était point inférieure, que de le quitter pour un autre. Un tel argument embarrassait l'Académie, d'autant plus que Lancret , s'appuyait habilement contre Parrocel fils de l'exemple donné par Joseph Parrocel le père, qui avait été aussi conseiller. Lancret l'emporta, et ce fut un vif chagrin pour son antagoniste, dont le caractère n'en devint que plus sombre.

« S'il faut en croire M. Frédéric Villot, dans sa notice du Musée Impérial du Louvre, cette victoire de Lancret ne dut être que momen-

tanée, car je vois figurer dans ladite notice
que Charles Parrocel fut nommé adjoint à
professer le 31 janvier 1744, et professeur le
30 octobre 1745. D'Argenville dit ceci : comme Ch. Parrocel dessinait fort bien la figure,
il fut nommé professeur en 1745. »

Doué d'une physionomie agréable et d'un
grand fond de bonté, Charles Parrocel avait
des amis et des plus dévoués, tels que Jean-
Baptiste Lemoyne le sculpteur, le peintre
Latour et le graveur Cochin, son biographe
(1) ; mais il ne croyait qu'à demi à leur amitié, tant il était devenu défiant et inquiet ;
ses tristes réflexions sur le peu de profit
qu'il retirait de ses talents l'ava t tellement
absorbé, qu'il n'était pas facilement aborda-
ble, même pour ses amis, et c'était bien
rarement dans la chaleur d'un repas familier
qu'il se déridait avec eux et leur ouvrait son
âme affectueuse ; encore fallait-il que tous
les visages lui fussent parfaitement connus,

---

(1) On peut ajouter l'académicien Sylvestre, peintre
de paysage, élève de son père, auquel il adressait en
manière d'épître une eau-forte, au-bas de laquelle il
écrivait : *A son ami Sylvestre en buvant chopine.* (Collection de Charles, n. 36, de Robert Dumesnil).

car la présence d'une seule personne étran-
gère à son intimité suffisait pour lui fermer
la bouche et le rembrunir; sa mélancolie n'a-
vait fait que s'accroître depuis que le roi lui
avait accordé un logement aux Gobelins, où
devaient être exécutées en tapisseries ses
grandes toiles de l'entrée et de la sortie de
l'ambassadeur turc. Ainsi éloigné de ses
anciens amis, et malgré leurs visites fréquen-
tes, il tomba dans une incurable langueur :
une première attaque d'apoplexie l'avait
frappé au Luxembourg, comme il travaillait
à la suite des tableaux représentant les conquêtes du roi, et destinés pour la galerie de
Choisy ; une seconde attaque l'obligea d'aller
aux eaux de Bourbon, où il se trouva particulièrement recommandé aux médecins des
eaux, par une lettre de M. Chicogneau, premier médecin de Louis XV, qui leur avait
écrit de l'ordre du roi ; mais tous leurs soins
furent inutiles, et revenu à Paris dans son
logement des Gobelins, Charles Parrocel y
finit ses jours le 25 mai 1752 ; il fut inhumé
à St-Hippolyte, sa paroisse.

Dans sa *Biographie universelle*, voici le
jugement que Michaud porte sur ses œuvres :

« Doué d'un coloris moins brillant que celui de son père, les tableaux de Ch. Parrocel
présentent moins de fracas, mais ils char-
ment l'œil par un ton de vérité bien préférable ; il peignait dans la pâte, et ses ouvrages n'ont point eu à craindre les ravages du
temps. Ses tableaux de chevalet représentent ordinairement des escarmouches de cavalerie et d'infanterie; l'action générale se
passe dans les fonds, et la fumée du canon
et de la mousqueterie leur donne un vapo-
reux qui fait ressortir les devants avec plus
de force. Ses dessins sont très estimés, tou-
chés avec esprit et facilité. »

Ch. Parrocel a dessiné de diverses manières. Parmi les catalogues et collections qui
ont décrit ceux qu'ils possédaient, en indiquant comment ils étaient exécutés, je citerai :

L'Empereur, De Julienne, de Saint-M···,
Nouri, Baudouin, de septembre 1780 ; Robe-
lot, de 1787 ; Jullain, Watelet, De Troy,
Montall, Lebas, D'Hermand, Musée de Mont-
pellier, Cayeux, Cabinet curieux de 1770,
Thibodeau, Nucquier, D'Argenville, Latour
d'Aigues, P. Dijonval, Norblin, prince de
Ligne.

Les tableaux ou dessins de Charles Parrocel indiqués par Dussieux à l'étranger, sont : un combat de cavalerie, dans la galerie du baron Speck Stenburg, à Leipzig, et quatre tableaux au roi de Danemark ; le portrait équestre d'un des souverains de ce pays, l'assaut d'une ville éclairée par la lune et par le feu d'une mine ; les autres représentent deux combats de cavalerie, le premier au pistolet, le second à l'épée.

M. Charles Parrocel , au nom duquel est ajouté sur les livrets le titre de conseiller de l'académie , a exposé au salon de 1737 , *Une Halte* ; sujet pricipal : *Grenadiers à cheval.*

En 1739 : 1º Une Garde avancée de Cavalerie ; 2º Un Camp de Gardes Suisses , un Officier conduisant des Dames ; (1) 3º Un Offi-

_____

(1) *Camp de Gardes-Suisses.* — *Un Officier conduisant des Dames*

Au bas de cette estampe, Moraine écrivit les vers suivants, dont le goût de nos jours, serait trouvé plus que contestable, mais ils donnent une idée de cette époque où la galanterie, la légèreté de langage et l'insouciance faisaient le fond de l'esprit français.

Je copie :

Ceux que vous honorez ici de vos regards
Sont exposés sans cesse à de cruel hazards,

cier qui rallie ses troupes ; 4° Une bataille de Cuirassiers faisant le coup de pistolet ; 5° Un grand tableau de quatorze pieds de large sur huit pieds de haut, représentant une Bataille de Cavalerie, passée en Italie.

En 1741 : 1° Un tableau de huit pieds de long sur six pieds de haut, représentant une bataille où les Allemands défont les Turcs ; 2° Un tableau de quatre pieds sur deux , un Cavalier asservissant un cheval.

En 1745 , le livret donne à Charles Parrocel le titre d'adjoint à professer. Voici les tableaux de lui qui figurent à cette exposition, bien que je les aie déjà mentionnés en partie : 1° Une toile de deux pieds , Bataille de Cavalerie (cuirassiers) ; 2° Un Coup de Tonnerre ; 3° Un Repos ; 4° Une Chasse au Tigre (appartenant à M. le duc de Luynes) ; 5° Une Chasse au Lion ; 6° Un Garde de Barrière ; 7° Son pendant : Petite Marche d'Infanterie ; 8° Un Espion qu'on amène au général ; 9° Une Attaque. Plus en 1847 deux

---

Et s'ils remportent la victoire;
Souvent leur mort paye bien cette gloire.
Mais vous jeunes beautés, vous pouvez moissonner
Les lauriers amoureux, sans danger de la vie
Ne risquant que de la donner
A quelque fruit d'une tendre folie.

petits tableaux représentant, l'un un Repos de Cavalerie (1), l'autre un Camp de Gardes Suisses (appartenant à M. de Jullienne).

L'esquisse du tableau que Charles Parrocel avait peint pour le buffet de la salle à manger du roi à Fontainebleau et appartenant à M. de La Tour fut également exposée cette année-là, ainsi qu'un dessin sous-verre représentant l'Europe sous l'emblême d'une Chasse de Sanglier, et son pendant, représentant l'Afrique sous l'emblême d'une Chasse au Lion. On y voyait encore le dessin d'une bataille (appartenant à M. Mariette), ainsi qu'une autre bataille plus grande au crayon rouge, et enfin un tableau représentant une Rencontre de Cavalerie (appartenant

---

(1) *Repos de Cavalerie.*

Au bas de cette gravure, Moraine adresse à Ch. Parrocel un compliment direct, je ne puis moins faire que de le reproduire, bien qu'il ne brille pas par la clarté.

Voici comment il s'exprime :

A cet air de bravoure et d'intrépidité,
A ces regards remplis d'une mâle fierté ;
Ces enfants du dieu de la guerre
Semblent tous prêts à ravager la terre.
Mais il n'en viendront point à cet injuste excès,
Et se contenteront de jouir de l'estime
Que l'on doit au pinceau sublime,
Qui les a peints avec tant de succès.

M. de Caylus). Le portrait de Charles Parrocel a été dessiné par Cochin fils et gravé par Cochin père et N. Dupuis.

J'ai transcrit simplement les diverses appréciations des principaux auteurs qui se sont occupés de Ch. Parrocel , touchant son caractère et son talent.

M. Ch. Blanc dit que Ch. Parrocel ayant reçu l'ordre d'exécuter le portrait équestre de Louis XV, ce dernier chargea Vanloo de peindre la tête du roi. Il ajoute : « cette collaboration donna lieu à une querelle des plus vives qui fut sur le point de se terminer par un coup d'épée, grâce au caractère peu endurant de Ch. Parrocel et à ses allures militaires. »

Je ne sais trop comment concilier ce caractère avec celui que lui donne d'Argenville. Il était, dit cet historien, doux et aimable et il comptait beaucoup d'amis.

M. Ch. Blanc, dit plus loin : « son humeur mélancolique et ombrageuse ne fit que s'accroître , il tomba dans une incurable langueur. » Je conçois qu'un homme doux et aimable puisse, en avançant en âge , devenir mélancolique , mais il n'en existe pas moins dans ces jugements certaines contradictions ;

je les ferai disparaître dans mon prochain ouvrage, quand je me serai parfaitement éclairé.

La même contradiction se reproduit au sujet de sa manière et de son talent.

Selon M. Ch. Blanc, Charles Parrocel fut coloriste comme son parrain Charles De La Fosse. Michaud est de l'avis que le ton de ses tableaux est bien préférable à celui qui règne dans les toiles de son père Joseph Parrocel.

D'Argenville, de son côté, tout en reconnaissant les brillantes qualités qui distinguent ce maître, s'exprime ainsi : « Les tableaux de Charles Parrocel sont piquants de lumière ; mais leur ton de couleur grise est bien différent de celui de son père, il n'a jamais pu prendre le coloris de la nature.»

J'ai vu des tableaux parfaitement conservés de l'un et de l'autre de ces artistes, l'opinion de D'Argenville me paraît la mieux fondée. Ce biographe avait devant les yeux les œuvres de Joseph Parrocel, dont le coloris avait conservé toute sa fraîcheur, lorsqu'il portait son jugement sur Charles Parrocel ; cette circonstance mérite considération.

Un fait acquis pour moi , est que Charles Parrocel à mieux dessiné que son père, mais qu'il lui est inférieur en génie et comme coloriste (1).

---

(1) Le *Mercure* du mois de Juin 1739, page 1439, donne la description détaillée de la publication de la paix faite à Paris le 1er Juin 1736 , dont Charles Parrocel fit le dessin ayant cent vingt pieds de longueur, qu'il devait exécuter en peinture et qu'il légua plus tard par testament, à l'Académie.

VII

IGNACE - JACQUES PARROCEL

Peintre et Graveur.

Ignace-Jacques Parrocel, fils aîné de Louis Parrocel, peintre, et de Dorothée de Rostang, naquit à Avignon. Il fut baptisé à l'église de St-Didier, le 27 juin 1667. Son père lui ayant appris les premières notions de son art, l'envoya, pour compléter ses études, chez son oncle Joseph Parrocel qui habitait Paris et dont la réputation était alors à son apogée. Il y resta plusieurs années.

Ignace-Jacques Parrocel avait environ vingt ans lorsqu'il revint au pays natal. Son frère

cadet (1) était infirme , le troisième , Pierre
Parrocel , était allé à son tour prendre les
leçons de son oncle. Sa qualité d'aîné de la
famille lui imposait le devoir de rester auprès
de son père qui désirait le fixer à Avignon.
Ignace-Jacques épousa donc en cette ville ,
en 1689, Jeanne-Marie Périer, dont il eut dix
enfants dans l'espace de quatorze ans.

La naissance de Jean-Louis , l'aîné de ses
fils, fut enregistrée à la paroisse Notre-Dame
le 25 mars 1690. Celle de son quatrième ,
nommé Etienne , le seul qui se distingua, le
8 janvier 1696, sur la paroisse de St-Ginies,
et Jean-Baptiste, le dernier, le 21 avril 1704,
sur la même paroisse.

Nulle part en France , plus que dans le
Comtat Venaissin , l'autorité paternelle n'é-
tait respectée; un père n'accordait souvent à
son fils un acte d'émancipation qu'après plus
de quarante années d'une soumission abso-
lue, et même quand ce fils était devenu de-

---

(1) Louis Parrocel, né le 27 août 1668, à Saint-Didier;
mort (Alenguis) sur la même paroisse, le 19 mars 1693,
fut enterré dans l'église des Petits-Carmes-Déchaussés,
actuellement couvent du Sacré-Cœur, à Avignon.

puis longtemps père de famille à son tour (1).

Cet acte d'émancipation avait lieu par devant notaire. Les personnages considérables du pays se faisaient un honneur d'assister à cette cérémonie. Là, en leur présence et en celle de plusieurs autres témoins requis, le fils, dont les cheveux commençaient quelquefois à blanchir, s'agenouillait aux pieds de son père, les mains jointes et la tête découverte. Son père lui déliait ensuite les mains en prononçant les paroles consacrées par la formule, qui lui accordaient le droit et la faculté de posséder, de commercer et de tester. En reconnaissance de cette faveur insigne le fils s'engageait à conserver une soumission et un respect inviolables pendant tout le cours de sa vie pour l'auteur de ses jours. Ces formalités accomplies, le notaire en dressait acte et le fils devenait, à partir de ce moment, complètement indépendant.

Le respect des frères cadets pour l'aîné de la famille était non moins grand ; considéré comme le successeur du chef, tous s'inclinaient devant lui.

_____

(1) Un de mes aïeuls fut émancipé à l'âge de quarante-huit ans. Je possède la minute de cet acte portant la date du 23 janvier 1776

Ces mœurs et ces traditions se perpétuè-
rent dans le comtat jusqu'à la révolution,
qui, en affaiblissant l'autorité paternelle et en
fixant à vingt-un ans le terme de l'émancipation, les fit disparaître.

Il fallait toute cette puissance de l'autorité
paternelle pour étouffer et comprimer en
quelque sorte l'esprit aventureux d'Ignace-
Jacques Parrocel, dont les succès de son oncle Joseph, auquel il se faisait une gloire de
ressembler, exaltait l'imagination ; le respect seul le contenait, mais Louis Parrocel
son père étant mort, rien ne put le retenir.
Marié à vingt-trois ans, lorsqu'il rêvait de se
faire un nom, cette vie de ménage et pour
lui de contrainte qui durait depuis quatorze
années, lui était devenue insupportable. Il
abandonna donc Avignon en y laissant sa
femme et ses enfants, les plaçant sous la protection du plus jeune de ses frères, Jean-
Baptiste, qui avait été le parrain de son dernier né.

Ignace-Jacques Parrocel avait trente-huit
ans lorsqu'il partit. Il ne fit plus dès lors que
de rares apparitions à Avignon, soit pour y
porter le fruit de ses économies, soit pour y

voir ses enfants dont il appela quelques-uns près de lui , entre autres Etienne qui ne fut connu plus tard dans le Comtat que sous le nom de Parrocel le Romain (1).

Doué d'un talent sérieux , Ignace-Jacques dessinait et peignait avec une grande facilité ; tout en lui restant inférieur, il fut celui qui s'approcha le plus de la manière de peindre les batailles de son oncle Joseph dont il était l'élève.

Ignace-Jacques Parrocel parcourut l'Italie en tout sens, et une partie de l'Europe. Le nom qu'il portait et le genre auquel il s'adonnait avec succès et qui était à cette époque en faveur, lui firent bientôt une réputation.

Ignace-Jacques ful appelé à Vienne par l'Empereur d'Autriche, pour lequel il exécuta d'importants travaux, ainsi que pour le prince Eugène. Le prince d'Aremberg , qui habitait les Pays-Bas, le fit venir à son tour à Mons : il peignait une galerie dans l'hôtel de ce prince, quand la mort le surprit en 1722 (2).

---

(1) Archives d'Avignon.

(2) D'Argenville et mémoire de l'Académie de Peinture et de Sculture, t. 2, p. 45.

On voyait, en 1784, dans l'ancien palais du prince Eugène , six grands tableaux de batailles placés dans la salle à gauche de la principale entrée du belvédère inférieur. Ils représentaient les batailles de Zentha, de Casano; la levée du siège de Turin (20 pieds 6 pouces), qui est indiqué comme le morceau principal de cette suite par la grandeur, l'immense quantité de figures et les détails infinis du terrain ; la bataille d'Oudenarde et celle de Malplaquet et de Hochstett (1).

Lors de l'invasion française en Allemagne, Napoléon Ier envoya ces tableaux à Paris , ainsi qu'un autre non désigné ici, selon le rapport de Joseph Lebas ; ils étaient au nombre de sept ; ils faisaient partie de la collection du Louvre sous l'empire ; ils furent repris par les alliés en 1815.

Ignace-Jacques était à Vienne en 1719. Mariette dit dans ses mémoires l'y avoir beaucoup connu , et il ajoute que ces tableaux dont je viens de parler, avaient été peints pour la grand'salle du palais. Dans la galerie du Belvedère, à Vienne, il y a au-

_____

(1) Chrétien de Mechel, catalogue des tabl. de la galerie impériale de Vienne. Bâle 1784.

jourd'hui deux grands tableaux ayant l'un et l'autre 3 pieds de haut sur 4 pieds de large; ils s'y trouvent sous le nom d'Ignace Parrocel, élève de son oncle Joseph Parrocel, né à Avignon vers 1668, mort à Mons en 1772. Le catalogue de la galerie en donne la description suivante :

1. Bataille contre les Turcs : sur le premier plan, un turc à cheval défend son étendard contre un cavalier cuirassé. Peint sur toile.

2. Grand camp militaire : sur le devant quelques cavaliers et deux canons de gros calibre. Peint sur toile (1).

Ignace-Jacques a peint également l'histoire.

A l'époque où il était à Avignon, il a gravé de sa main la grande estampe représentant la fontaine de Vaucluse, portant les initiales I.-J. Parrocel. Les figures en sont bien dessinées, les terrains, les eaux et les rochers sont largement accusés. Cette gravure décèle en son auteur un burin facile et hardi.

Les six tableaux figurant à Versailles, sous les n. 193, 194, 198, 200, 206, 207, attribués

---

(1) Ces tableaux m'ont été signalés par M. Staedler, sécretaire intime de M. le duc d'Aremberg.

par le livret à Ignace, ont été peints par Joseph-François, son neveu.

Le guide des voyageurs dans la ville d'Avignon et ses environs dû à la plume spirituelle de M. Canron, avocat, attribue à Joseph Parrocel, les tableaux ci-dessous désignés qui existent à l'église St-Didier ; *Construction de l'Eglise du Mont-Carmel, vision du Prophète Elie, St-François-Xavier ressuscitant un mort, l'empereur Théodose aux pieds de St-Ambroise, la Vierge et l'enfant Jésus.* J'ai visité ces toiles, elles ne me rappellent en rien le faire de Joseph, la tradition les attribue à l'un des Parrocel ; je serais tenter de les donner à Ignace s'ils ne sont de Louis. Ceci est à examiner plus mûrement.

Le musée d'Avignon attribue également à Pierre Parrocel deux vues de cette ville, portant les numéros 201 et 202. Elles doivent être d'Ignace, ou de Joseph-François.

La bataille qui fait partie de la collection des tableaux de Hampton-Court, à Londres, attribuée par le livret à Parrocel, sans prénom, est probablement d'Ignace Jacques ou de Joseph François ; je l'ai examinée à diverses reprises lors de mes voyages en Angleterre, elle m'a parue faible, cependant je n'affirmerai rien, car en ceci je ne consulte que de lointains souvenirs.

VIII

ETIENNE PARROCEL, dit le ROMAIN

FILS D'IGNACE-JACQUES,

Peintre d'histoire, membre de l'Academie de St-Luc
à Rome.

La notice des tableaux du musée Impérial
du Louvre, de M. Frédéric Villot, 1859, s'exprime ainsi :

« Les historiens parlent aussi d'un Etienne
Parrocel, sur lequel ils ne donnent aucun
renseignement et qui aurait exposé aux
salons de 1755, 1757, 1759, 1761, 1763, 1765,
1767, 1771, 1779 et de 1781. — Les livrets
citent bien à ces dates des ouvrages d'un
Parrocel auquel il n'est joint aucun prénom, il

y a tout lieu de penser qu'Etienne n'a jamais existé, qu'il y a confusion et qu'il s'agit de Joseph-Ignace-François. Dans l'article de M. Taillandier qui a paru dans les archives de l'art français, 9me année, 1re livraison, 15 janvier, p. 56 et suivantes, intitulé : *les Derniers des Parrocel* , je lis ceci : la *Biographie universelle* de Michaud *verbo Parrocel*, mentionne un peintre de ce nom auquel elle donne le prénom d'Etienne, qu'elle fait naître à Paris vers 1720 , l'auteur de l'article ajoute: qu'il ne fut jamais qu'un peintre assez médiocre et le compte que rend Diderot des tableaux de *Céphale qui se réconcilie avec Procris, de Procris tué par Céphale*, de *Jésus sur la montagne des oliviers*, de l'esquisse d'une *Gloire* et de l'*Adoration des Mages* qu'il exposa aux salons de 1761, 1763 et 1765, prouve qu'il était loin de soutenir la gloire de son nom, etc.

D'après les renseignements que je possède sur cette famille , je demeure convaincu qu'il y a erreur de la part de la biographie, qu'il n'y a pas eu de Parrocel portant le nom d'Etienne et que le peintre dont Diderot a parlé dans ses spirituels salons est

6

Joseph-Ignace-François, fils de Pierre Parrocel, ainsi que l'a pressenti M. Villot dans
son excellente notice des tableaux du Louvre, école française. M. Taillandier ajoute :

«On va voir que cette conjecture du savant
conservateur des peintures du Louvre est
fondée.

»Disons d'abord que c'est D'argenville qui a
donné, le premier, à Pierre Parrocel un fils
du nom d'Etienne. Pierre Parrocel, neveu de
Joseph et frère de Charles. (Ici j'arrête M.
Taillandier. Il est impossible que Pierre soit
à la fois le neveu de Joseph et le frère du fils
de ce dernier.) Pierre eût deux fils qui ont
cultivé les arts du dessein. L'un appelé Pierre
comme lui paraît s'être fixé à Rome où il a
gravé quelques pièces ainsi que le fait re-
marquer Mariette dans une note jointe à son
article de Pierre Parrocel, et un autre fils
nommé Joseph - Ignace - François ; c'est ce
dernier que l'on a confondu avec un prétendu
Etienne.

»J'ai connu dans ma jeunesse les trois dernières filles de Joseph-Ignace-François; deux
d'entre elles, comme leur sœur aînée Mme

de Valsaureaux (1), qui était d'un premier mariage, cultivaient la peinture avec un certain talent ; et c'est d'après les traditions qu'elles m'ont transmises, que je crois devoir écrire cette notice sur les derniers rejetons d'une famille qui tient un rang si éminent dans l'école française.»

Je me permettrai d'observer que les raisons de M. Taillandier touchant Etienne Parrocel n'ont rien de concluant. M. Jh Lebas dit, dans l'*Univers illustré* 1844 : « Etienne Parrocel , *petit-neveu de Joseph* (ceci est vrai), naquit à Paris vers 1720 (c'est une erreur). Il se distingua fort peu dans la peinture (cela n'est pas exact), et il obtint plus de succès dans la gravure. Et il désigne, comme M. Michaud, les pièces qu'on lui attribue, savoir : une Bachanale de sa composition, le Triomphe de Mardochée, d'après de Troy ; le Triomphe de Bacchus et d'Ariane, d'après Subleyras, etc.

Toutes ces allégations sont inexactes. Etienne n'a jamais gravé, ou du moins on ne connaît rien de lui sous ce rapport. Je cite-

---

(1) Le nom véritable de cette dame est de Valreuseaux.

rai simplement des faits. Ils suffiront pour rétablir la vérité historique.

Etienne Parrocel , dit le Romain , fils d'I-gnace-Jacques Parrocel, peintre de bataille , et de Jeanne-Marie Perrier , naquit à Avignon ; il fut baptisé le 8 janvier 1696 , à la paroisse de Saint-Giniés de cette ville. Avec son oncle P. Parrocel, dont il était l'élève, il fit le voyage de Rome, vers 1717 (1), et il se fixa en Italie.

M. Faivre, grand-prix de Rome, venant de cette ville, qu'il quittait pour aller exécuter d'importantes commandes à lui confiées par Sa Majesté l'Empereur de Russie, m'a signalé, il y a peu de mois , la coupole d'une église de Rome , peinte et signée d'Etienne Parrocel. Il n'a pu se souvenir du nom de cet édifice religieux.

Du reste , le tableau du maître-autel de l'église de Sainte-Marie , *in monticelli* , est d'Etienne Parrocel. Lalande , t. v. p. 66, en

---

Le *Mercure de France* de novembre 1730, p. 2466 a propos de la réception de P. Parrocel à l'académie dit : « Jacques-Ignace son frère a laissé un fils nommé Etienne « fort bon peintre à Rome , neveu et élève du nouvel « académicien. »

fait mention. Dussieux , dans *les Artistes français à l'étranger*, confirme ce fait ; il fait plus, il publie la liste générale des membres de l'académie de Saint-Luc , à Rome , et le nom d'Etienne Parrocel est inscrit immédiatement après celui de Poerson , directeur de l'école française, à Rome ; il est le 62e.

Le grand tableau du maître-autel de l'église Saint-Louis de France , à Rome , est également d'Etienne Parrocel.

Il représente l'apothéose de Ste-Jeanne de Valois, fondatrice de l'ordre des Annonciades.

Plusieurs sœurs , revêtues du costume de leur ordre, sont prosternées et en adoration, tandis que la sainte , couverte du manteau fleurdelisé , la couronne royale près d'elle , s'élève sur des nuages soutenus par des groupes d'anges. C'est une belle composition ; le visage de Jeanne de Valois respire la bonté, son attitude la grandeur ; mais il existe quelque peu de maniérisme dans le pli des étoffes et quelqu'affecterie dans la manière dont les mains des sœurs sont dessinées.

Je dois à M. Prosper de Baudicour la gravure de ce tableau. On lit au bas, à gauche, en toutes lettres : Stephanus Parrocel , inv.

et pinx. , et à droite : Nicolaus Billy, sculps.

Jean-Jacques Will a aussi gravé d'après lui le portrait de Pierre Guerin , cardinal de Tencin ; on lit dans la marge,à gauche : Steph Parrocel, effigiem pinx., et à droite : J. Will del et sculps.

On lit dans le dictionnaire historique du département de Vaucluse de Barjavel, 1841 , parlant d'Etienne Parrocel : « On voit de lui au musée d'Inguimbert les portraits des cardinaux Spinola, de Tencin , de Polignac, Aldovrandi et Corcini. »

Je suis allé à Carpentras visiter ces portraits , je n'en garantirai pas l'authenticité ; ils m'ont fait l'effet d'être plutôt des copies que des originaux ; mais j'ai trouvé dans le même musée, indépendamment de ces portraits, une *Ste-Famille* sur cuivre , plus un *Enfant-Jésus*, signés Steph. Parrocel , 1733. Ces tableaux, de petite dimension , sont jolis de couleurs, fins de ton et bien dessinés. Il est également un *St-Esprit visitant la Vierge* beaucoup plus grand , qui lui est attribué par le conservateur ; cette toile est inférieure aux précédentes.

M. Barjavel , qui habite Carpentras , m'a

signalé d'eux autres tableaux qui existaient
en 1838, dans l'église de St-Siffren, de cette
ville , et qui étaient signés par derrière,
Etienne Parrocel, à Rome, 1744. M. Barjavel
les a mesurés lui-même et en a relevé la signature. L'un représentait St-Joseph assis
sur un nuage et Saint-Dominique assis devant
lui.

L'autre, Saint-Augustin, évêque, assis et
Saint-Benoist debout , tenant une crosse et
un livre , les figures étaient de grandeur
demie-nature, les toiles avaient environ deux
mètres de hauteur sur 1 m. cinquante de
largeur.

Ces deux tableaux ont été enlevés par M.
l'abbé Guérin, curé de l'église de Carpentras,
et transportés à sa campagne où ils sont
actuellement.

J'ai vu à Villeneuve-lès-Avignon , la copie
d'une Résurrection de Jésus-Christ , d'après
Stéphanus Parrocel par Perra, ainsi le porte la
notice manuscrite avant la révolution, des tableaux de l'église ; l'original de ce tableau ,
peint pour les pénitents blancs, à Avignon, a été
intitulé l'*Ange du Seigneur assis sur la pierre
du tombeau.* Il figure sous le nº 53, dans le

catalogue de l'abbé Meynet. Il est placé à droite dans la chapelle de la confrérie , pour laquelle il avait été peint.

Voici le jugement qu'en porte l'abbé Meynet :

L'Ange qui est assis sur la pierre du sépulcre est dans une très belle attitude et d'un bon goût , son geste désignant que Jésus-Christ n'est plus dans le tombeau est expressif.

Magdeleine avec ses parfums et les femmes qui la suivent, respirent dans toute leur personne la plus grande douleur et la plus grande surprise. En somme , ce tableau est d'une bonne composition et l'effet en est juste. Sa hauteur est de deux mètres cinq cents soixante-douze millimètres ; sa largeur de trois mètres cent quatre vingt-quatorze millimètres.

M. Achard , archiviste d'Avignon, m'a remis une note de plusieurs tableaux dont il a pu constater l'origine dans ses archives. Il m'a désigné le même tableau sous le titre des *Trois Marie au Tombeau*, peint pour les pénitents blancs par Parrocel le Romain , plus *Ste-Cécile, St-Grégoire* et la *Vie de Saint-Agricol*.

Le Musée de Marseille possède un grand

tableau , cintré dans le haut , représentant St-François Régis priant pour la cessation de la peste.

A droite, au bas du tableau, on lit sur une pierre : *Stephanus Parrocel pinxit Roma 1739*.

J'ai prié mon excellent ami M. Loubon, directeur de notre école , de vouloir bien me donner son opinion sur cette toile. Voici sa note :

Le tableau signé Stephanus Parrocel 1739 diffère des productions de Pierre Parrocel par son exécution légèrement espagnole ; le ton gris et le dessin légèrement tourmenté rappelle l'époque à laquelle il a été exécuté. Le St-François Régis implorant l'assistance du Très-Haut est d'un bon mouvement ; les morts ou pestiférés sont entassés et groupés avec art; c'est incontestablement la meilleure partie du tableau. Quant à la partie supérieure , le Père Eternel me semble manquer d'un peu de dignité et de style ; mais l'entente et la douceur du ton qui règne dans cette importante production de Stephanus font du tout une œuvre d'art complète.

E. Fouque , élève de Winterhalter , avec

lequel j'allais un jour visiter ce même tableau, me dit , en faisant allusion aux critiques de Diderot : « Si c'est là l'œuvre du plus faible des Parrocel, en peinture , le plus mauvais est encore un grand peintre. » Tout le monde connaît l'esprit sarcastique de Diderot et combien ses jugements, en fait de peinture , sont passionnés et manquent de vérité.

Je possède deux dessins de Stéphanus Parrocel qui m'ont été cédés par M. Menut, collectionneur de notre ville : l'un à la sanguine estompée, signé Stéphanus Parrocel, et l'autre au crayon noir rehaussé de blanc ; le premier est daté de 1744. .

Etienne Parrocel ayant , plus qu'aucun de ses pères , oncles et cousins , travaillé pour les églises en Italie , il est fort possible que les deux tableaux dont parle Fantozzi , page 394, soient de lui. Ils sont placés dans l'église St-Marc, à Florence.

L'un réprésente une *Adoration des mages*, et l'autre les *Noces de Cana*. Fantozzi n'ajoute aucun prénom au nom de Parrocel.

IX

PIERRE PARROCEL,

Peintre et Graveur,

Fils de Louis, agréé de l'académie en 1730.

Pierre Parrocel, troisième fils de Louis Parrocel et de Dorothée de Rostang, naquit à Avignon ; il fut baptisé le 10 mars 1670 à l'église St-Didier. Comme son frère Ignace-Jacques, il vint à Paris étudier sous son oncle Joseph, puis il fut en Italie se mettre sous la direction de Carle Maratte. Revenu en France, il épousa à Avignon, le 22 mars 1693, à St-Didier, Marie-Anne de Seisson, qui mourut

environ dix-huit mois après , le 1er octobre
1694, à l'âge de 35 ans, sans lui donner d'en -
fants, et qui fut inhumée aux Cordéliers.

Pierre Parrocel se remaria le 14 février
1695, il épousa , à N.-D. la principale mai-
rie, Magdeleine de Palasse, dont il eut huit
enfants ; le premier nâquit le 3 décembre
1695 et le dernier le 1er octobre 1707, sur
la paroisse de St-Didier, les deux qui se distinguèrent sont Pierre-Ignace, graveur du
roi de Naples , né le 26 mars 1702 , et Joseph-François, né le 3 décembre 1704, tous
deux sur la paroisse de St-Agricol. Ils furent
ses élèves ainsi que Sauvan et Etienne, son
neveu. Pierre Parrocel est mort à Paris en
1739.

De tous les Parrocel, Pierre est celui qui a
laissé le plus de tableaux connus dans tout le
midi de la France , le nombre en est prodi-
gieux; le Louvre, à Paris, ne possède rien de
lui, et cependant il occupe une place distinguée parmi les maîtres de l'école française. C'est une lacune qui, je l'espère, sera
comblée, lors de l'agrandissement de ce monument national, mesure décretée par S. M.
l'Empereur.

Le vice-légat Comti, grand amateur des beaux arts, avait fondé à Avignon, en 1654, l'académie des Emulateurs, qui compta bientôt dans son sein des hommes très-remarquables. Grâce au haut et puissant patronage de ce prélat éclairé, toutes les églises du Comtat rivalisèrent entr'elles de sacrifices pour orner leurs autels de tableaux de maîtres, sous cette intelligente impulsion, dont l'influence se perpétua pendant plus d'un siècle après Comti ; il n'y eut pas, à l'exemple de l'Italie la moindre chapelle du plus petit village qui n'eût à son tour son chef-d'œuvre. Les Simon de Châlons, les Court, les Brocard, les Courtois, les Raynaud le vieux, les Mignard, les Parrocel, les Vanloo et plus tard les Sauvan et les Vien, peuplèrent successivement toutes les basiliques du Midi, de leurs magnifiques conceptions, leurs tableaux ne contribuèrent pas peu à étendre et à favoriser le sentiment de l'art dans cette partie de la France, en épurant le goût et en élevant l'intelligence de ces races méridionales à l'imagination si prompte à s'enflammer.

Ces générations frappées par l'aspect de ces chefs-d'œuvre, trouvaient un attrait puis-

sant à visiter et à fréquenter les temples ;
leurs yeux, invinciblement attirés par ces
splendides images, ne pouvaient s'en détacher.

A cette époque de foi et de touchante simplicité, le cœur de nos pères déjà surexcité
par la prière, source de tout les dévouements
et de toutes les nobles aspirations, se dila-
taient en présence de ces œuvres d'où rayon-
nait la foi qui les avait elle-même enfantées.

De tous les peintres que je viens de nommer et qui l'avaient précédé, à l'exception des
Mignard, ses rivaux, Pierre Parrocel, fut
celui qui exerça la plus grande influence sur
ces esprits religieux. Le nombre immense de
toiles laissées par lui, témoigne de l'empres-
sement avec lequel il était recherché. Ce qui
charmait dans ses compositions, c'était autant la beauté, la suavité et la beauté exqui-
ses des lignes, jointe à l'expression séraphi-
que répandue sur toutes ses figures, que la
fraîcheur de son coloris, doux et brillant.

Ses premiers tableaux furent en quelque
sorte une révélatiou et marquèrent aussitôt
sa place parmi les premiers artistes du Midi.

En 1696, son oncle, Joseph Parrocel, fut

chargé de peindre une suite de la vie de
Saint-Antoine de Padoue, par le Chapitre de
l'église de Saint-Pierre. Il vint à Avignon à
cet effet et il s'associa son neveu pour ce travail. Les esquisses de ses tableaux acceptées,
il se mit à l'œuvre. Mais, rappelé à Paris, il
laissa à Pierre Parrocel le soin de les terminer, n'en ayant peint lui-même que deux,
dont j'ai donné la description dans sa biographie.

Cette suite se composait de neuf tableaux,
Le premier, signé de Pierre, porte la date de
1697. Voici la description abrégée de cette
suite prise dans le catalogue de l'abbé Meynet :

N. 10. *Saint-Antoine de Padoue*, original,
par Pierre Parrocel.

Le saint, prêchant contre l'abus des riches-
ses et contre l'avidité de ceux qui ne cher-
cherchent qu'à thésauriser, leur montre un
coffre rempli d'or, il leur reproche d'en faire
leur Dieu ; tout à coup le démon s'en rend
maître, et l'or qu'on y voyait naguère est
remplacé par des fruits amers. La tête du
saint est naturelle et bien finie ; son attitude
est très bonne ; les têtes d'hommes et de

femmes qui l'écoutent sont très bien caracté-
risées , de même que leurs costumes. Le
peintre sait varier la surprise et l'air de com-
ponction dans ceux qui entendent la prédication de ce saint.

Ce tableau est triangulaire ; hauteur, 2
mètres 30 ; largeur, 2 mètres 382 millimètres.

N. 12. *Saint-Antoine prêchant à des Idolâtres*, original, par P. P.

Il était difficile de faire croire à un peuple
d'idolâtres les vérités de l'Evangile ; il fallait,
avant toute chose, leur enseigner qu'il existait un être suprême et les faire croire en
Dieu. Aussi, on voit dans ce tableau que St-
Antoine leur montre le Ciel, et il leur ap-
prend que c'est là sa demeure. Déjà , ceux
qui l'écoutent sont si contrits qu'ils ne balan-
cent pas à se convertir.

Les têtes de femmes, qui font une partie de
ce tableau, y sont d'une grande vérité, le ton
des couleurs très bon, les draperies magnifiques, les attitudes distinguées, le dessin
bien suivi et correct, le pinceau fort et moelleux. Triangulaire ; hauteur, 2 mètres ; largeur, 2 mètres 30.

N° 15. *Mort de Saint-Antoine de Padoue*, orininal de P. P.

St-Antoine mourant est couché sur une natte, dans le costume de son ordre, l'agonie dans laquelle il se trouve est de la plus grande vérité d'expression. Jésus placé entre les bras de la Vierge, vers lequel le saint élève ses regards suppliants, lui tend les mains comme pour recevoir son âme bienheureuse, tandis que plusieurs de ses confrères unissent leurs prières à celui qui en étole lui fait la recommandation de l'âme, et qu'un autre frère, placé derrière lui, tient à la main un cierge allumé.

Ce tableau est de la plus grande beauté, les airs de tête y sont naturels, le dessin très correct, le coloris excellent, le ton juste et vrai, en un mot, c'est un tableau très estimable.

Triangulaire, 2 m. 273 mill. hauteur, 2 60 largeur.

N° 19. *St-Antoine de Padoue portant sur ses bras l'enfant Jésus*, original par P. P.

Le saint contemple le divin enfant, il le regarde avec complaisance, et l'amour se peint dans ses yeux. La Sainte-Vierge tient

par un bout une partie du linge qui l'enve-
loppe, elle paraît assise sur un nuage, soutenue par deux anges. Triangulaire, 2 m. 301
mill. hauteur, 2 m. 242 mill. largeur. Peint
en 1700. Très gracieux et d'une bonne composition.

N° 29. *Saint-Antoine de Padoue*, original
par P. P.

Le saint demande à la Vierge la délivrance
de plusieurs âmes détenues au Purgatoire, et
Jésus qui est entre les mains de la Ste-Vierge,
tend les bras à ces âmes souffrantes, qu'un
ange délivre. Ce tableau est magnifique, etc.
Il est très estimé.

Hauteur, 1 m. 138, largeur, 866 mill.

Ces tableaux, transportés au Musée lors
de la révolution, ont été restitués à l'église
St-Pierre, où ils sont actuellement. Des deux
tableaux de cette suite que je n'ai pas décrits,
l'un peint par Joseph Parrocel, existe aujour-
d'hui à la congrégation des hommes, et l'autre, peint par Pierre, à l'hospice St-Louis,
qui possède également de lui un St-François-
d'Assise.

J'ai mentionné les jugements portés par le
conservateur du Musée d'Avignon sur ces

tableaux, premières œuvres de Pierre Parrocel, afin de donner une idée de l'impression qu'ils produisirent à leur apparition. Sa réputation, qui allait croissant, lui fit obtenir de nombreuses commandes, auxquelles il avait peine à suffire. Ce fut ainsi qu'il peignit, pour la confrérie des pénitents gris, cinq tableaux : le *Martyre de St-Giniès, St-Hyacinthe, St-Veran, St-Roch* et *Ste-Claire*, décrits par l'abbé Meynet, qui en fait le plus grand éloge. Je les ai visités. Suspendus le long des murs d'une chapelle humide, la plupart sont dans un état de dégradation pénible à constater, mais cependant ils vous impressionnent encore.

St-Hyacinthe est debout dans le costume de son ordre, tenant d'une main le St-Sacrement et de l'autre la statue de la Vierge. Sa hauteur est de 2 m. 328 mill., sa largeur est de 866 mill.

Les autres tabeaux sont de la même dimension. Ste-Claire est également dans le costume de son ordre et tient pareillement le St-Sacrement à la main.

St-Roch est debout, habillé en pélerin, un

bourdon à la main ; un ange panse une de ses plaies.

St-Véran est en chape , donnant la bénédiction. Ce tableau a été coupé et restauré ; il ne reste plus que le buste et la tête du saint; il est fort bien conservé.

Pierre Parrocel peignit pour le couvent des Grands - Carmes une *Annonciation* d'après Lanfranc , de 4 mètres de hauteur ; le fond représente un paysage ; l'Esprit-Saint , sous la forme d'une colombe, est dans un nuage , et l'ange Gabriel , un lys à la main , s'offre à la vue de la Vierge agenouillée. Ce tableau existe actuellement à l'église St-Symphorien.

Pierre peignit également pour l'église des Célestins, *St-Roch et St-Sébastien,* sur une toile de 3 mètres 20 centimètres de hauteur sur 2 mètres 273 mill. de largeur. Ce tableau fut fait à l'occasion de la peste qui désolait Avignon , et il fut placé dans ce temple sacré comme un ex-voto de la piété des Avignonais.

La Sainte-Vierge commande d'un air impératif à un ange armé d'une épée de la remettre au foureau ; Saint-Sébastien tient de la main droite une palme et de l'autre plusieurs flèches , symbole de son triomphe et de son

martyre , et saint Roch baise les pieds de
l'Enfant-Jésus appuyé sur un des genoux de
sa mère qui , assise elle-même sur un nuage,
est placée sous un dais dont les rideaux sont
relevés par des anges.

Ce tableau est actuellement dans la chapelle des Pénitents-Noirs , qui possèdent une
Assomption de la Vierge peinte également
par le même auteur.

Il exécuta pour le couvent des Cordeliers,
une grande toile représentant la Vierge donnant le cordon à Saint-François d'Assise.
Saint-François, à genoux, reçoit un cordon
blanc de la main droite de la Mère de Dieu,
assise sur un nuage, soutenu par un groupe
d'anges ; elle tient, sur ses genoux, son enfant dont une main est appuyée sur une
partie du cordon, signifiant qu'il approuve
et protège ladite confrérie ; un ange placé
dans le haut du tableau, tient, à son tour,
une quantité de cordons , contenus dans un
bassin, vers lequel la Vierge porte la main.

Cette toile est restée au musée d'Avignon.

Pierre peignit à diverses reprises plusieurs
tableaux pour les pénitents blancs : le premier en 1706 , c'est une résurection du

Christ. Cintré, de 4 m. h. sur 2 m. 328 larg.
Il est parfaitement conservé.

Jésus, enveloppé de son linceul, s'élève
au-dessus de son tombeau, dont la pierre est
soulevée et soutenue par un ange; un soldat
armé d'une pique, est prêt à frapper de nouveau Jésus, tandis que ses deux camarades,
l'un couvert de son armure et l'autre de son
manteau, sont renversés et saisis de frayeur.

Le second tableau, exécuté également à
Avignon vingt ans plus tard, c'est-à-dire en
1728, est une ascension qui sert de pendant
au dernier mentionné. Il témoigne des progrès accomplis par Pierre Parrocel ; c'est
une de ses œuvres les plus complètes.

La Sainte-Vierge, les apôtres et les trois
Maries sont comme en extase en voyant J.-C.
monter au ciel.

Voici ce qu'en dit M. Meynet: «L'air de tête
de la Vierge exprime la douleur même, et
son regard qui s'élève vers celui qui l'aban-
donne est des plus plaintifs ; les carnations
sont si vraies, le coloris si frais, l'attitude si
expressive, qu'on peut dire que le tout est
digne de son auteur. On n'est pas moins satisfait des airs de tête des trois Maries, ainsi

que de ceux des apôtres. L'air de surprise qu'ils ont en perdant leur bon maître, semble paralyser leurs regrets.

Ce tableau est parfaitement conservé, ainsi que la pêche miraculeuse en longueur, que possèdent également les Pénitents Blancs, et qui est fort estimé.

Jésus-Christ, debout sur ce rivage, montre ses plaies à Saint-Pierre, qui marche sur les eaux et se dirige vers son maître, tandis que plusieurs disciples tirent à fond, un filet chargé d'un grand nombre de poissons. Des pains et un brasier sont au bas du tableau.

C'est, du reste, sur l'esquisse de ces trois derniers tableaux que Pierre Parrocel fut agréé membre de l'Académie royale de peinture et de sculpture, en 1730 (1).

---

(1) On a reçu depuis peu à l'Académie Royale de Peinture et Sculpture les sieurs Parrocel et B. Natoire, deux excellents sujets ; le premier est neveu de Joseph Parrocel, peintre célèbre de la même académie, qui a fait quantité d'ouvrages très-estimés dans le goût du Bourguignon, fameux peintre et fils de Louis Parrocel, très-bon peintre, frère aîné de Joseph qui s'établit à Avignon, et petit-fils de Barthélemy Parrocel, natif de Montbrison (en Forêt), d'une très-honorable famille; qui, le premier de son nom, professa la peinture et vint s'établir à Brignolles en Provence ; le nouvel académicien est cousin germain du sieur Charles Parrocel, fils de Joseph qui peint des batailles dans le goût de son père, peintre du Roi et de l'Académie Royale, connu par

On voit encore de lui, à Avignon, à l'église Saint-Didier, une *Adoration des Mages* ; au collège Saint-Joseph , *Saint - Grégoire* et *Sainte-Cécile* ; à l'église Saint-Agricol , le *Sauveur prêchant*, dans la sacristie, *l'Institution de l'Eucharistie*, effet de nuit remarquable ; à Notre-Dame-des-Doms, la Métropole, une *Résurrection de Jésus-Christ*, un *Saint-Bruno* et *Saint-Ruf*, premier évêque d'Avignon, en l'an 70.

---

beaucoup de très-bons ouvrages , mais particulièrement par un fameux tableau représentant l'audience que Mehemet Effendi, ambassadeur du Grand-Seigneur , obtenait du Roi, au palais des Tuileries, en 1721.

Le sieur Pierre Parrocel avait un frère aîné nommé Jacques-Ignace, mort dans les pays étrangers, dont les tableaux de batailles sont fort connus en Italie ; lequel a laissé un fils nommé Etienne, qui est fort bon peintre à Rome. Celui-ci est neveu et élève du nouvel académicien , à qui l'Académie a fait le même honneur qu'elle fit, il y a quelques années , au signor Ricci et à la signora Rosalba, en le laissant le maître de choisir le sujet du tableau qu'il doit faire pour l'Académie. Il est depuis longtemps établi à Avignon où il jouit de la réputation qu'il s'y est acquise , après avoir fait divers voyages en Italie.

Le sieur Natoire est un jeune homme qui a beaucoup de talent, qui donne de grandes espérances et qui. dès à présent, produit des ouvrages qui le font estimer ; il a fait un assez long séjour à Rome et a eu la gloire d'y remporter , il y a trois ans, le prix de peinture, au jugement de l'Académie de Saint-Luc. Il est élève de M. Lemoine, un des meilleurs peintres de l'Académie.

(*Mercure de France*, page 2466,
année 1730, novembre.)

Ce dernier tableau , de quatre mètres de haut, fut commandé à P. Parrocel par M. Dupoux, chanoine pénitencier, qui en fit don à l'église. Le chapitre métropolitain fit la dépense du cadre, ainsi que le constate sa délibération du 2 août 1727.

Saint-Ruf est en assez grande vénération à Avignon pour que nous en reproduisions l'historique abrégé. Il était , selon F. Nouguier, premier auteur de l'histoire chronologique de l'église, des évêques et des archevêques d'Avignon, fils de Simon le Cyrénéen, qui aida à porter la croix de Jésus-Christ.

Saint-Ruf, après la mort de Jésus, embrassa la foi catholique et fut mis au nombre des 72 disciples; élevé à la dignité d'évêque, ainsi qu'en fait foi l'épitre de Saint-Paul aux romains , il abandonna Rome où il avait suivi cet apôtre et il vint à Avignon, où il fit bâtir hors des murs un couvent dont on voit encore les restes. Il mourut vers l'an 90, et l'Eglise Métropolitaine conserve ses précieuses reliques. Le tableau de Saint-Ruf se compose de plusieurs figures, Saint-Ruf agenouillé reçoit des mains de Jésus, assis sur les genoux de la Vierge , la récompense de ses vertus, tandis que Saint-Jean-Baptiste lui montre la couronne qu'il a mérité. Ce tableau est bien conservé. Le Musée d'Avignon, outre le Saint-François d'Assise déjà mentionné, possède encore de Pierre-Parrocel, son portrait peint par lui-même , sous le numéro 198. *La Vierge tenant l'enfant Jésus* et une *Annonciation* sous le numéro 190. L'ange Gabriel, un genou en terre, tenant un lys à la main, annonce à la Vierge Marie qu'elle mettra au monde le fils de Dieu, h. 2 m. 20, l. 1 m. 47, plus une esquisse représentant une vision de Saint-Joseph.

Le Musée d'Avignon, sous les numéros 201 et 202, attribue à Pierre-Parrocel deux vues de cette ville prises de l'île de la Barthelasse. On ne trouve là rien de sa touche et de son coloris, il est plus que probable qu'elles sont de Ignace Jacques son frère. Leur faire rappelle beaucoup la manière dont est exécutée la grande estampe représentant la fontaine de Vaucluse, gravée et dessinée par ce dernier et signée de son nom.

CHAPITRE II. — *Des œuvres hors d'Avignon.*

Pierre Parrocel avait installé un grand atelier dans sa maison de la rue des Ombres,

maison qu'il avait acquise de son premier
beau-père Jean de Seyson, en 1696. C'était
là qu'il exécutait ses œuvres pour Avignon.
Pierre Mignard, son ami, qui mourut à Avignon le 10 avril 1725, venait souvent l'y visiter. Ce dernier avait peint trois grands tableaux pour l'église de Cavaillon. La fabrique,
désirant également un tableau de Parrocel,
lui commanda à son tour une toile très-importante devant représenter César de Bus (1),
indiquant le triomphe de la religion.

Pierre Parrocel vint donc à Cavaillon en
1709 exécuter ce tableau dont M. Valèrs
Martin, dans la Revue des Bibliothèques paroissiales de la Province ecclésiastique
d'Avignon, du 15 septembre 1855, donne la
description suivante :

« Sur le premier plan est assis César de Bus
en surplis ; il semble montrer d'une main le
ciel et de l'autre l'enfer ; au second, se dessine
un ange dans une position horizontale et les
ailes déployées ; de son bras gauche, il presse
contre son sein un jeune enfant qu'il vient
d'arracher au danger ; de son bras droit, il
ordonne à l'esprit des ténèbres, placé au-dessous de lui, de s'éloigner ; celui-ci, se cou-

---

(1) César de Bus, natif de Cavaillon, fut le fondateur
des écoles chrétiennes.

vrant les yeux de sa main, se précipite dans l'abîme embrasé qui s'entr'ouvre sous ses pas. Une sainte indignation colore le visage de l'émissaire céleste.

« Son bras, gracieusement allongé, dans l'attitude du commandement, se détache d'une manière remarquable sur un nuage sombre. Dans la partie supérieure du tableau et toujours sur le même plan, trône une femme en costume de reine et le sceptre à la main; elle contemple, dans une pose pleine de dignité, la Croix que des anges supportent devant elle, tandis que d'autres élèvent triomphalement la divine Eucharistie. Evidemment, c'est une Apothéose du Pain des Cieux, ainsi que du signe sacré de la Rédemption. Cette toile est attribuée à Pierre Parrocel, opinion que justifient assez la grâce de la composition, l'harmonie des détails et la beauté de la carnation. »

Non classée au nombre des monuments historiques, l'église de Cavaillon n'ayant pu obtenir du gouvernement une subvention annuelle pour ses réparations, la fabrique a fait un emprunt et ouvert une souscription volontaire pour cet objet. Elle possède en

tableaux : trois Pierre Mignard, deux Nicolas
Mignard, un Daret d'Aix, 1658; un Crozier,
un Guillemin, un Duplessis et un Pierre
Parrocel. Une partie de la somme obtenue a
été fort à propos employée par l'intelligent
curé de la paroisse, M. l'abbé Teris, à la réparation de ces divers tableaux. C'est ainsi
que j'ai pu lire au bas de celui de César de
Bus le nom de Pierre Parrocel et la date de
1710.

Du reste, les archives de la paroisse con-
servent un reçu signé de Pierre Parrocel,
s'élevant à la somme de 136 livres 10 sols à
compte, daté de 1709.

L'église de Lisle possède également de
Pierre Parrocel deux beaux tableaux signés
de lui et qui viennent d'être restaurés : l'un
représente l'Adoration des Bergers ; on lit au
bas Pierre Parrocel, inv. et pinxit, 1704 ; le
second tableau représente le Sauveur après
sa résurrection et Sainte-Magdeleine à ses
genoux, lorsqu'il lui dit : Ne me touchez pas.
Il y a à droite une inscription ainsi conçue :
« Ce tableau, peint par M. Pierre Parrocel,
a été fait aux dépens de la confrérie de Ste-
Magdeleine, 1707 »

Rognonas et Graveson ont chacun une Annonciation. Valréas possède un Saint-Antoine remettant le pied à un enfant.

Carpentras, a dans diverses églises, le Massacre des Innocents , la Peste chez les Philistins, et notamment à Saint-Siffren, Saint-François de Salles agenouillé présentant à la Vierge un cœur enflammé, le même saint offrant à la dame de Chantal, un livre ouvert et lui montrant la Trinité , une Sainte-Famille, où l'on voit un ange qui présente à l'Enfant-Jésus une corbeile de raisins, plus la Vierge sur un nuage et le St-Esprit.

Pierre Parrocel peignit à Beaucaire, où existe encore cette œuvre, l'histoire de Ste-Ursule en cinq tableaux. Pour Nîmes, le Songe de Joseph, placé dans une des chapelles de la cathédrale, et dont l'esquisse est au musée d'Avignon, et le tableau du maître-autel de l'église Saint-Paul , représentant l'Immaculée Conception, d'une grandeur colossale. Cette dernière toile, ainsi que le relate le *Moniteur Universel* du 17 février 1851, a été restaurée par un artiste de la localité ; elle est venue enrichir la collection du musée de la ville , et elle occupe en ce moment tout le fond de la Maison Carrée.

A Arles on voit de lui, à l'église St-Césaire, une Annonciation de la Vierge : à celle de St-Julien , le Concert des Anges et son pendant l'Assomption de la Vierge, tableaux de 2 m. 20 c. de hauteur sur 2 m. 50 c. de large. Voici la description du premier, cinq ou six anges soutiennent un nuage sur lequel est assis un autre ange tenant sous sa main la boule du monde , à gauche deux anges prient, au bas sur le premier plan, il en est un, qui joue du violon, et un autre, du violoncelle, et au fond dans la demi-teinte quatre ou cinq d'entre eux chantent les louanges du Seigneur. C'est une ravissante composition.

Dans le second tableau, la Vierge, les bras étendus, est enlevée sur un nuage soutenu par sept anges dont un seul soutient également son bras droit ; au bas , un suaire sortant à moitié d'une tombe.

L'église de la Charité à Arles possède , à son tour , peut-être, la plus belle œuvre de Pierre Parrocel. (Cinq à six mètres de haut.) C'est le tableau du maître-autel, représentant Ste-Thérèse : l'ange des douleurs et de l'amour divin va percer de sa flèche Ste-Thérèse, assise sur un nuage soutenu par des anges de grandeur comme nature , les aîles déployées et dont l'un tient un livre ouvert sur lequel sont gravés ces mots : AVT PATI AVT MORI. Dans le haut du tableau , des séraphins suspendant une couronne au-dessus du St-Esprit ; on voit un autel à droite.

C'est d'une finesse de ton , d'une suavité et d'une pureté de formes incomparables. La figure de Ste-Thérèse est légèrement pâle , sa pose est pleine d'abandon et de résignation, tout en elle respire l'amour divin le plus pur ; les anges placés au-dessous , plus vigoureusement accusés et d'un coloris plus brillant, font ressortir vivement la souffrance imprimée en quelque sorte dans toute sa personne.

Mme Grange, fille de Reathu le peintre , natif de la ville d'Arles, m'a raconté à propos de ce tableau certaines particularités qu'elle me pardonnera , je l'espère , de reproduire.

Me trouvant un jour à Arles, j'allais visiter cette dame qui, douée à un haut degré du sentiment de l'art a élevé à la mémoire de son père un véritable monument que les étrangers ne visitent qu'avec bonheur. Ce sont deux ou trois immenses salles où sont accumulées les œuvres de ce peintre dont la Provence est fière, et qui, grand prix de Rome, vit sa carrière brisée par la première révolution.

M. J. Canonge m'avait signalé les divers tableaux de Pierre Parrocel dont je viens de parler. Après avoir admiré les œuvres du père de Mme Grange, je la priai de vouloir bien me servir de guide, afin de trouver plus facilement ces toiles dont je désirais faire la connaissance. Elle se mit à ma disposition avec la plus grande bienveillance, et voici ce qu'elle me dit à propos du tableau de Sainte-Thérèse :

Figurez-vous que mon père aimait tant cette toile que, devenu vieux, il ne manquait jamais, chaque dimanche, de venir entendre la messe dans l'église où était placé, selon lui, ce chef-d'œuvre. Je l'accompagnais toujours. L'attraction de cette peinture était si vive sur lui qu'il n'en pouvait détacher les yeux et qu'il s'écriait tout bas de temps en temps, faisant allusion au mérite de Pierre Parrocel : le grand peintre ! le grand peintre !

Avant la Révolution, le couvent des Capu-

cins de la ville de Tarascon passait pour un
des plus riches de France. Vers 1725, le père
Chérubin, grand amateur de peinture, alors
supérieur de cette communauté, qu'il gou-
verna longues années, voulut enrichir son
église de toiles dignes d'elle. Elle ne possédait alors que des peintures byzantines et
deux beaux tableaux de Nicolas Mignard,
peints en 1643. Il appela à lui Pierre Parrocel qui exécuta à diverses reprises les tableaux dont la notice des monuments de Ste-
Marthe, à Tarascon, donne la description
suivante :

1° *Annonciation*. Pierre Parrocel, élève
de Carle Maratte, aimait à peindre des sujets
doux et silencieux, des Vierges, l'Enfant-
Jésus, des Anges, c'est dans ces sortes de
compositions qu'il a excellé, parce qu'il a su
allier avec les grâces du dessin et du coloris, les charmes de la vertu et de l'innocence. Dans le beau tableau de l'Annonciation,
Marie, assise sur un siége orné, lit la pro-
phétie d'Isaïe : *Une vierge concevra et en-
fantera un fils.* Au moment où l'ange Gabriel lui apparaît, et les yeux modestement
baissés, elle lui répond : « Voici la servante
du Seigneur, qu'il me soit fait selon votre

parole » ; quelle innocence , quelle grâce ,
quelle noblesse !

Il y a dans l'ange Gabriel une expression
de candeur toute céleste ; le Saint-Esprit
couvre Marie de son ombre, tandis qu'un des
anges, témoin du prodige et saisi d'étonnement, lui présente un lys, comme pour ras-
surer sa virginité.

2° *Sainte-Cécile , Sainte-Cunégonde et
Boleslas.* Cunégonde , fille de Béla IV, roi de
Hongrie , eut , dès son enfance , une tendre
piété pour Sainte-Cécile , elle la prit pour
modèle, et, à l'exemple de cette illustre martyre , elle voua à Dieu une perpétuelle virginité ; mais, demandée en mariage par Boleslas, souverain de la basse Pologne , elle se vit
forcée de céder aux instances de ses parents ,
qui avaient le droit d'annuler son vœu.

Elle promit donc sa main à ce prince , et
partit pour la Pologne. Lorsque le jour de ses
nôces fut venu , elle dit à Boleslas ce qu'au-
trefois Ste-Cécile avait dit à Valérien :

« J'ai fait à J.-C. le sacrifice de ma virginité,
» il a été mon époux avant que vous fussiez
» le mien, soyez, je vous en conjure, le gar-
» dien de ce lys , que j'estime plus que ma
» vie. »

Boleslas n'avait épousé Cunégonde que pour avoir des successeurs à la couronne ; il se rendit néanmoins à ses instances, c'est de là qu'il a été surnommé le Chaste.

Ce tableau , peint par P. Parrocel , offre une grande douceur d'expression : Cunégonde, à genoux aux pieds d'un autel de Sainte-Cécile, tourne la tête vers Boleslas avec une grâce modeste, et lui montrant le tableau de la sainte martyre, elle lui manifeste la résolution qu'elle a formée. Le père du jeune prince, la main appuyée sur son fils, semble l'interroger sur le parti qu'il veut prendre ; celui-ci indique par son geste qu'il consent à ce que sa vertueuse épouse demande de lui ; et, dans le haut du tableau , deux anges vont porter devant le trône de l'Agneau, ce généreux serment. Quelle suavité d'expression , quelle naïveté dans Cunégonde ! quelle élégance dans ses formes ! Boleslas est bien posé. L'histoire rapporte que ces deux époux étaient les plus beaux personnages de leur temps , Parrocel les a rendus avec autant de naturel que de noblesse.

3° *Adoration des Mages* , l'enfant Jésus assis sur les genoux de la Vierge bénit un des mages qui se prosterne devant lui , ce vieillard est du plus beau caractère, il est revêtu d'habits royaux, les mains sur la poitrine. Il s'humilie devant l'Enfant-Dieu, et semble protester qu'il n'est lui-même que son sujet et son serviteur. Un autre, plus jeune, s'empresse d'offrir à l'enfant Jésus, un vase précieux, et le troisième, au teint d'Ethiopie, tient dans ses mains d'autres présents. *La Sainte Famille* qui vient d'être restaurée, n'est pas aussi heureuse que le reste du tableau. Parrocel s'est attaché aux mages, sujet principal de cette gracieuse composition.

L'église de Ste-Marthe possède encore de Pierre Parrocel : 4° *une Adoration des Bergers* qui sert de pendant à *l'Adoration des Mages*; 5° un *Christ en Croix*; 6° *St-Thomas d'Aquin*, ces deux derniers tableaux ont poussé au noir ; 7° *Ste-Catherine de Sienne*, fort belle toile ; 8° la *Vierge du Peuple*, de 2 mètres 50 c. de hauteur sur 1 mètre 50 c. de largeur. L'enfant Jésus est debout sur les genoux de Marie, regardant fixément le spectateur, un nuage traversé par un immense croissant soutient la Vierge assise, qui est elle-même couronnée par deux anges, placés de l'un et de l'autre côté , dans le haut du tableau.

C'est une des œuvres les plus remarqua-bles dues à son pinceau; je préfère cette toile à toutes celles dont je viens de parler appar-tenant à cette église, à l'exception toutefois du grand et magnifique tableau de *Ste-Marie égyptienne*, exécuté pour le maître-autel de la chapelle du Refuge de Tarascon , décrit ainsi par la notice : La Sainte-Vierge, pa-tronne de l'établissement, entourée de beaux groupes d'anges , descend du ciel pleine de dignité , de grâce et de candeur , elle est portée sur un léger nuage et vient couron-ner de roses la pénitente consumée par les austérités, et toute desséchée par les ardeurs brûlantes du soleil de Palestine.

Le fondateur et la fondatrice , représentés sous des formes idéales, invitent la Ste-Vierge à prendre l'établissement sous sa protection; la beauté, la suavité de leurs traits , l'éclat et la richesse de leurs vêtements , donnent à cette composition pittoresque un caractère frappant de noblesse et de grandeur. La fa-brique de Ste-Marthe a refusé de céder ce tableau pour la somme de 10,000 liv. qu'un amateur en avait offerte.

Il existe encore à Tarascon un autre tableau de P. Parrocel, il représente une prise d'habit, il est placé dans l'église de la Charité.

L'église de Ste-Marthe, à Tarascon, possède en outre des tableaux de Parrocel et de N. Mignard, les deux chefs-d'œuvre de Carle Vanloo peints en 1730, Sainte-Marthe triomphant du monstre et Saint-François d'Assise recevant les stigmates, ce sont ces toiles qui firent sa réputation, plus sept des plus admirables productions de Vien, peintes de 1747 à 1751. C'est l'histoire de la sainte patronne de cette église.

Pierre Parrocel ayant reconnu des dispositions pour la peinture à deux de ses fils, Pierre-Ignace et Joseph-François, les conduisit à Rome vers 1717 ; Etienne, son neveu, fut du voyage. Après avoir, pendant quelque temps, dirigé leurs études, il les plaça convenablement et il parcourut de nouveau l'Italie où il séjourna plusieurs années; il sentait le besoin de se retremper lui-même par la vue des immortels chefs-d'œuvres des maîtres.

Le tableau que Pierre Parrocel avait peint pour le monastère de la Visitation à Marseille, fut exécuté à Rome en 1719. Grosson , dans son *Almanach* de 1771 , dit que cette toile était surtout remarquable par les grands effets du clair obscur, la sagesse de la composition et le moelleux du pinceau.

M. l'abbé Fontenay dit à son tour qu'il réunissait les grâces du dessin et du coloris aux charmes des effets agréables et séduisants.

Ce tableau intitulé l'*Enfant Jésus couronnant la Vierge* , est considéré comme son chef-d'œuvre par les biographes qui n'ont certainement pas connu ses tableaux des Pénitents-Blancs à Avignon , non plus que ceux de Sainte-Marthe à Tarascon , et surtout sa Sainte-Thérèse de la Charité à Arles, et qui, selon moi, leur sont supérieurs.

Cette première toile fait partie de la collection du Musée de Marseille. Ce fut Claude-François Achard, médecin , qui , au péril de sa vie, le sauva de la destruction, ainsi qu'un grand nombre d'œuvres d'art , lors de la première révolution ; il le fit déposer au couvent des Bernardins converti en dépôt général de tous les objets pris chez les nobles et dans les églises.

Reverni avec peu de soin par l'ancien conservateur du musée, il a beaucoup jauni et il aurait besoin d'être réparé, pour retrouver son coloris primitif.

De retour en France, la réputation de Pierre Parrocel étant à son apogée, le duc de Noailles l'appela à Paris pour peindre une galerie à son château de St-Germain. Pierre exécuta pour lui les seize tableaux représentant l'histoire de Tobie, qui font aujourd'hui partie de la collection du château Borelly à Marseille.

Voici dans quelle circonstance M. Borelly, qui faisait construire en 1727 cette demeure vraiment princière, fit l'acquisition de ces tableaux.

Louis XV, se trouvant en chasse à Saint-Germain, vint demander l'hospitalité au duc de Noailles, harassé de fatigue et de sombre humeur ; il traversait la grande galerie du château, habitué à ne reposer ses yeux que sur des visages souriants ou sur des peintures de gracieuses nymphes ou naïades, plus ou moins décolletées, sa vue fut péniblement affectée par le spectable de Tobie. ensevelissant les morts, et de Raguel creusant la fosse de chacun de ses nouveaux gendres. La figure du roi se rembrunit et s'adressant à M. de Noailles qui lui faisait les honneurs de sa demeure : Savez vous, M. le duc, lui dit-il, que vous avez là des tableaux fort peu réjouissants, et il passa outre. C'en fut assez. M. de Noailles n'eût garde, en habile courtisan, de conserver plus longtemps chez lui, ce qui avait eu l'insigne malheur de déplaire à son roi. Boucher, conservateur de sa galerie, fut chargé de s'en défaire à tout prix. M. Borelly, alors à Paris, profitant de cette circonstance, les obtint pour le prix de 30,000 fr. C'était en 1770.

M. le marquis de Panisse a eu l'obligeance de me confirmer ces détails, dont la tradition s'est perpétuée dans sa famille. Voici la description de ces toiles.

Le n. 1, Captivité des Israélites vaincus par Salmanazar ; n. 2, Tobie avec ses Compagnons échappant à la captivité ; n. 3, Tobie donne lui-même la sépulture à ses compatriotes mort dans leur fuite ; n. 4, Tobie devient aveugle ; n. 5, Départ du jeune Tobie ;

n. 6 , Pêche du Poisson ; n. 7, Arrivé chez Raguel , Tobie lui demande sa fille ; n. 8, Première nuit des Nôces ; n. 9, Raguel faisant creuser une fosse ; n. 10, Adieux de Tobie à son beau-père ; n. 11, Le père de Tobie recouvre la vue ; n. 12 , Arrivée à la maison paternelle du jeune Tobie et de son épouse ; n. 13, L'ange Raphaël se fait reconnaître et s'élève dans les airs ; n. 14, Mort du père Tobie ; les n. 15 et 16, sont d'un côté la Foi Judaïque, et de l'autre, la Charité. Ils forment deux dessus de porte.

Tous ces tableaux dont plusieurs possèdent jusqu'à 10 et 12 grandes figures et dont la composition est sagement entendue, ont été reproduits par la gravure dans une multitude d'ouvrages classiques et de piété. Ils se distinguent par une grande pureté de lignes, et bien que tous les biographes considèrent ces tableaux comme l'œuvre la plus considérable et une des plus belles de Pierre-Parrocel. Ils ne sont pas à la hauteur des sujets purement mystiques, et des vierges qu'il a traités.

M. Léon Lagrange dans la *Gazette des Beaux-Arts* porte sur ces toiles le jugement qui suit :

Pierre-Parrocel a déployé dans l'histoire
de Tobie, toutes les grâces de son pinceau,
on n'est pas plus constamment aimable, l'influence de Carle Maratte est manifeste, mais
il y a dans les physionomies, tant de jeunesse
et dans le coloris, tant de fraîcheur, que
le maniérisme du dessin se fait aisément
pardonner, rien n'égale le charme souriant
des figures d'adolescents et de femmes, les
vieillards même ont l'air de jouvenceaux.

Cette touchante histoire de Tobie semble
un drame joué dans un couvent de demoiselles, avec accompagnement d'air de danse.
P. Parrocel aurait peint en grisaille sur papier selon le catalogue de M. D. Julienne ; il
aurait dessiné à la plume et à l'encre de chine selon celui de M. le duc de Choiseuil et à
la sanguine selon le musée de Montpellier.

En 1694 il termina le dessin du martyre de
St-Symphorien, à la plume, sur le frontispice du
livre des délibérations à Avignon. Cette particularité m'a été signalée par M. Achard, archiviste de cette ville, qui m'a indiqué deux
tableaux mentionnés dans ses documents et
dont je n'ai pu retrouver la trace ; ils avaient
été peints pour les doctrinaires. C'était une

descente du Saint-Esprit et un Saint Jean prêchant.

Pierre Parrocel a gravé à l'eau forte.

Nous lui devons, dit M. Robert Dumesnil, qui en donne la description, dix-huit estampes, dont quatorze à l'eau forte et quatre au burin ; il en est quatre qui laissent à désirer sous le rapport du maniement de l'outil, mais les autres sont traitées avec une rare dextérité et avec infiniment d'esprit, dans un goût analogue à celui d'Antoine Rivalz.

Le *Mercure de France* du mois de juillet 1739, page 1471, contient une lettre fort intéressante sur les Parrocel ; elle trouve naturellement sa place dans la biographie de Pierre Parrocel. Elle fait à la fin la description d'une de ses œuvres capitales.

Je publie à mon tour cette lettre, dont j'ai supprimé un ou deux paragraphes étrangers à mon sujet :

Description des tableaux de l'histoire de Tobie, peints dans la galerie de M. le maréchal de Noailles, adressée par M. D..., garde du corps du roy, à M. de St..., à Arles.

En qualité de Provençal, je sais que vous êtes né sensible à tout ce qui regarde

la gloire de la Provence; en vous adressant
la description que je vous ai promise, vous
aurez le plaisir entier de méditer sur la per-
fection de l'art que vous aimez et sur le mérite personnel de l'artiste qui a exécuté cette
suite de tableaux. Vous savez que Pierre
Parrocel, auteur de l'ouvrage dont il s'agit,
est né à Avignon, et qu'étant venu à Paris
par pure curiosité, il fut agréé tout d'une
voix à l'académie roiale de Peinture, moins
sur sa réputation, que sur la beauté réelle
de quelques-unes de ses productions.

Vous savez encore que tout ce qui porte le
nom de Parrocel paraît avoir, dès le ber-
ceau , un talent décidé pour la peinture ;
on en peut compter six (1) de ce nom , tous
très habiles gens, dont trois vivent encore
aujourd'hui.

Il est peu de peintre français qui aient fait
plus d'honneur à leur patrie que Joseph Parrocel surnommé des Batailles. Celui-ci, avec
tout le feu qu'on a coutume d'attribuer aux

---

(1) L'auteur de la lettre aurait pu en compter sept. La
note que j'ai empruntée au *Mercure de France* de 1730
et que j'ai publié dans mon dernier feuilleton ne commet pas cette omission.

gens de votre province, comprit de bonne
heure qu'il fallait se distinguer par une manière hardie et par une force de coloris que
l'école française parait avoir un peu négligée,
ou du moins n'avoir pas fondée sur des prin-
cipes assez constants.

Joseph Parrocel est devenu, sans contredit,
un des peintres de batailles les plus renom-
més de son temps ; il en eut été un des plus
fortunés si l'illustre Lebrun lui eut permis
de travailler conjointement avec lui aux car-
tons des tapisseries qui devaient concourir à
immortaliser les exploits de Louis-le-Grand ;
mais le laborieux peintre français craignit,
dit-on, le fracas du coloris du peintre provençal. Parrocel fut applaudi, mais remercié,
après avoir exécuté, entr'autres, sur la cheminée de notre salle des gardes, à Versailles,
la représentation du sanglant combat de
Leuse, avec une intelligence et une vigueur
qui cause de l'étonnement et presque de la
terreur.

L'heureux Vandermeulen fut donc choisi;
son pinceau delicat, dont le brillant savait
se transporter en quelques groupes subor-
donnés et s'éclipser en d'autres, fut jugé

être plus susceptible d'être allié aux grâces légères et détaillées du premier peintre et tout grand homme qu'était Vandermeulen, peut-être encore ne dût-il la préférence qui lui fut accordée, qu'à la circonstance favorable chez les François, d'être né sous un climat étranger, le fils de ce même Parrocel en suivant une route peu différente de son père ne s'est pas acquis moins de réputation, il est un des anciens conseillers à l'académie de peinture et logé par le Roy aux Gobelins. Il compose avec feu et facilité, ses fonds sont ordinairement bien choisis et favorables à son sujet, mais la partie où il excelle, c'est la correction du dessin, personne sans en excepter son père, dont les raccourcis ne sont pas toujours bien exacts, sans en excepter le Bourguignon, ni Wauvermans lui-même, personne dis-je n'a jamais dessiné un cheval avec plus de noblesse, ni même saisi la souplesse, la cadence et la variété des mouvements dont est susceptible ce bel animal.

Le neveu de Joseph (Ignace Jacques), chercha avec assez de succès la manière de Joseph. Il peignit longtemps des sujets de guerre à Rome, en Provence et en Allemagne où il est mort.

Ces deux peintres sont peut-être les seuls qui aient osé risquer de rehausser quelques-unes de leurs draperies avec de véritable or en poudre ; ces essais ont été, il est vrai, plus heureux sous le pinceau de Joseph. Il a même poussé si loin le prestige du coloris, qu'on connaît quelques-uns de ses tableaux de chevalets, où pour terminer l'armure d'un général, ornée de pierreries, il y a enchassé des pierres précieuses, sans que l'harmonie des couleurs voisines en ait souffert la moindre altération.

M. Pierre Parrocel est, lui, ce qu'on appelle proprement un peintre d'histoire.

Il faut que rien ne soit étranger à celui qui veut peindre l'histoire : figures, draperies, ornements, paysages, animaux, architecture, usage des nations, études des mœurs et des passions, tout est ou doit être de son ressort. Ce n'est pas sans réflexion qu'Horace a mis ce bel art de niveau avec celui de la poésie.

Un des exemples les plus favorables pour le prouver c'est cette grande suite de l'histoire des deux Tobies, que votre excellent compatriote vient d'achever pour M. le maréchal de Noailles.

Il est temps de vous en rendre compte ; la simple exposition de chaque tableau, l'uniformité du plan général, la variété des sujets particuliers, leurs contrastes, le génie qui ne l'a jamais abandonné un instant, et qui s'est métamorphosé sous tant d'images différentes, tout cela formera en sa faveur un éloge plus positif et mieux suivi que quantité de termes rebattus qu'on emploie souvent sans les définir, et qui ne laissent dans l'esprit aucune idée bien distincte du mérite de l'ouvrier.

1er *Tableau*. — L'histoire de Tobie, tirée littéralement de l'Ecriture sainte, commence ici par une peinture touchante de la captivité des Israélites, après qu'ils eurent été vaincus par Salmanazar. Le vieux Tobie y paraît frappé de la plus vive affliction, moins pour ses propres malheurs, que pour la désolation de sa patrie; sa douleur noble et la fermeté également éloignée de l'abattement et du murmure, le font aisément distinguer du reste de sa famille et des autres prisonniers, qu'on voit consternés entre les mains du soldat vainqueur. L'épouse du patriarche suit la marche, montée sur un chameau, et tenant dans ses bras le jeune Tobie son fils; l'attention qu'elle a pour préserver ce précieux dépôt du moindre danger ne l'empêche pas de partager avec émotion les souffrances de son vertueux époux, qu'elle ne perd pas de vue.

2e *Tableau.*— Ici le vieux Tobie , que sa vertu et le caractère respectable qui le suit jusque dans les fers, avaient rendu longtemps le favori du roi d'Assyrie , parait faire un saint usage des biens que lui a procurés sa faveur ; il ne les a acceptés que pour les faire partager à ses infortunés compatriotes, et pour soulager leur misère ; il va les chercher sur des rochers et dans des retraites presques inaccessibles, où ils étaient obligés de se cacher, pour se dérober à la vengeance de Sennacherib , qui avait résolu d'exterminer leur nation. La charité active et courageuse du patriarche , la reconnaissance des fugitifs envers leur bienfaiteur et l'état déplorable où ils paraissent réduits, font naître en vous une sorte d'attendrissement.

3e *Tableau.*— Tobie est découvert et pros-

crit à son tour ; il aime mieux partager la
disgrâce des Israélites que de cesser de les
secourir ; il fuit avec eux , mais seulement
pour exercer les saints actes d'humanité qui
sont en sa puissance. On le voit descendu
sous une voute profonde, occupé à donner la
sépulture aux malheureuses victimes de la
fureur du monarque assyrien. Une seule
lampe éclaire le caveau. Cependant tout s'y
distingue, et l'adresse du peintre a su lui mé-
nager un clair-obscur qui ne le cède peut-
être point à ceux des flamands qui ont le
mieux entendu la distribution des ombres ,
celui-ci n'est guère moins piquant de lumière,
et il a de plus l'avantage d'être mis en usage
dans un sujet où il concourt avec la vérité
historique, pour augmenter encore l'horreur
et la compassion.

4e *Tableau.*— Enfin le sage conducteur du
peuple de Dieu, épuisé de fatigues et de chagrins, ne reçoit pour prix de son dévouement
qu'un redoublement à ses propres maux , un
accident imprévu le rend aveugle , il est privé
du seul bien qui lui permettait d'être utile à
ses frères ; c'est là pour lui le comble de la
misère, aussi reconnaît-on sur les traits de
son visage les marques sensibles de son acca-

blement. Son épouse elle-même, n'ayant plus la constance de supporter tant de coups redoublés, paraît en ce moment avoir étouffé la tendresse qu'elle a pour lui et l'accabler des plus injustes reproches.

5e *Tableau*.— Comme il fallait remédier à l'extrême indigence où était tombée la famille de Tobie, il eut recours à la seule ressource qui lui était offerte ; s'étant souvenu que pendant le cours de sa prospérité, il avait prêté dix talens à Gabelus, il fit partir son fils pour aller réclamer cette somme. On voit dans ce tableau le jeune homme qui sort de la maison paternelle avec un habit de voyageur, il tient dans ses mains le billet qui devait être remis à Gabelus pour toucher la dette, l'ange Raphaël part avec lui pour l'accompagner, sa mère paraît sur le seuil de la porte ; suivant son fils des yeux et du cœur, ses regards inquiets expriment la crainte qu'elle a de ne plus le revoir ; on entrevoit dans un coin du tableau et dans la demie teinte le vieux Tobie dont les yeux éteints et l'attitude respirent un abandon général.

6e *Tableau*. — Le jeune voyageur ayant tenté de se baigner sur les bords du fleuve du Tygre, fut effrayé à la vue d'un poisson

d'une grosseur monstrueuse, son sage conducteur le rassure et par ses conseils il l'en-
courage à tirer ce poisson hors du fleuve.

Voilà ce que plusieurs peintres ont exécuté en différents temps et de différentes
manières, Philippe Laure, Adam Eclzemer,
Bartholonée et quantité d'autres s'y sont
exercés avec succès ; en effet, un paysage
frais et bien ouvert, des eaux transparentes,
deux figures d'un caractère tout différents
voilà la source commune d'un tableau d'une
ordonnance agréable ou tout le monde peut
encore puiser, mais ce qui paraîtra peut-être
donner à celui-ci quelque mérite de nou-
veauté, c'est d'apercevoir tout à la fois dans
le jeune Tobie, la frayeur du danger et la
confiance pour son guide; quant à l'ange, on
remarque dans tout son maintien cet air se-
rein et cette tranquillité majestueuse qui peut
seule donner quelque faible idée d'un être
supérieur à l'humanité.

7e *Tableau*. — Ce sujet n'est pas moins
heureux que le précédent, pour exprimer les
diverses agitations de l'âme. Le jeune Tobie
était arrivé chez Raguel, l'ami de son père ;
la vue de Sara, fille de son hôte, avait capti-

vé son cœur dès le premier abord , il la demande en mariage et ne veut accepter ni ra-
fraîchissements ni aucun des devoirs de l'hospitalité qu'on lui offre avant de l'avoir obtenue. La jeune Sara, frappée du malheur arrivé à ses sept premiers maris qu'elle avait
perdus, se tient un peu à l'écart et paraît encore couverte du voile de viduité ; ses regards timides marquent la modestie et la
honte qu'elle a de ce qu'on ose encore songer à avoir sa main. Raguel et son épouse
en sont dans l'étonnement, leur pitié se manifeste , ils paraissent s'affliger d'avance ;
mais Tobie, au lieu de se rebuter, redouble
de constance et de fermeté tandis que son
amour prend de nouvelles forces.

8e *Tableau.* — Sara et son époux sont à
genoux autour d'un brasier ardent où ils ont
jeté le foie du monstre trouvé dans le Tygre.
Ils sont représentés au moment où ils adres-
sent à l'Eternel leurs prières ferventes; leurs
vœux sont prêts d'être exaucés ; on voit , à
travers la fumée qui s'élève du brasier, l'ange Raphaël qui force Asmodée , démon de
l'incontinence , à fuir et à quitter pour jamais cette chambre nuptiale , où il avait fait
périr tant de victimes.

9⁰ *Tableau*. (Sujet de nuit.)— Raguel , sur
le devant , à la faveur d'une lumière , fait
creuser une fosse pour enterrer son gendre ;
n'osant pas se flatter qu'il puisse échapper au
sort funeste de ceux qui l'avaient précédés ,
l'affliction du vieillard est d'autant plus vive.
qu'il croit que le moment fatal approche.
Dans l'éloignement , une jeune fille tient une
lampe à la main et s'avance doucement vers
le lit des nouveaux mariés pour épier si Tobie
est encore vivant ou s'il a subi la destinée de
ses devanciers.

Toutes ces actions sont, comme on le voit,
prises dans la nature et d'une naïveté qui ne
peut manquer de plaire. Le grand art c'est
d'imaginer une composition le plus simple
qu'il est possible et d'en écarter tout orne-
ment étranger, sans qu'on puisse y soupçon-
ner la moindre stérilité.

10⁰ *Tableau*. — Le jeune Tobie, toujours
sensible à l'état où il a laissé son père et se
promettant de lui apporter un prompt secours , quitte enfin la maison de Raguel, son
beau-père ; cette séparation nécessaire cause
différents degrés de tristesse : le vieillard voit
partir son gendre avec un regret sincère et

qui marque toute son estime ; la mère s'arra-
che d'entre leurs bras et rentre dans sa maison pour se livrer à sa douleur ; pour Sara ,
il paraît que son attention principale est de
se disposer à suivre bientôt son nouvel époux.
Les équipages qui doivent le précéder paraissent déjà en marche et occupent une longue
file dans le fond du tableau.

11ᵉ *Tableau.*— Voici encore un des sujets
le plus connu et le plus répété de l'histoire
de Tobie ; feu M. Antoine Coypel, premier
peintre du roi, en a fait un tableau admira-
ble par la vérité des caractères et la force
des expressions.

Ici le jeune homme paraît de retour dans
la maison paternelle, l'ange, son fidèle conducteur arrive avec lui, toujours sous l'habit
de voyageur. Il est présent au moment que
Tobie rend la vue à son père en lui appli-
quant sur les yeux une partie du fiel du
poisson ; tous les assistants sont émus, sur-
pris et au comble de la joie ; cependant
chacun témoigne une admiration propor-
tionnée à l'intérêt qu'il prend à cette guéri-
son surnaturelle.

12ᵉ *Tableau.* — Il ne manquait plus au

vieux Tobie, après un bonheur si inespéré
que de jouir de la vue qu'il venait de recou-
vrer pour recevoir chez lui sa belle-fille; elle
arrive peu de jours après son époux, la joie
est doublée dans la famille; la beauté de
Sara reçoit de justes éloges; quelques ba-
gages qui la suivaient entrent dans la maison; on y distingue les apprêts d'un festin
superbe, enfin tout respire dans ce tableau,
l'union, la gaîté et la satisfaction générale.

13e *Tableau.* — L'ange Raphaël sur le
point de disparaître, se fait reconnaître à
toute la famille; il augmente leur reconnaissance et leur surprise en leur exposant
sa mission. Les figures qui occupent le bas
du tableau paraissent toutes les quatre dans
une pieuse consternation Le fameux Rem-
brands a fait un tableau où il a saisi le même
moment; ce morceau, peint sur bois avec
des figures de 10 à 11 pouces, était autre-
fois dans le cabinet du comte Fraula à
Bruxelles; le sieur Noël Arrignon l'a apporté
depuis peu à Paris en ayant fait l'acquisition
à son inventaire.

14e *Tableau.* — Le vieux Tobie prêt à mourir, fait un dernier effort pour se lever sur

son séant. Le caractère d'une heureuse prédestination se découvre sur son visage à travers les traits de la mort ; on voit autour de son lit toute sa famille éplorée qui reçoit avec attention ses belles instructions si connues et si rarement appliquées.

Le fils , quoique pénétré de douleur , écoute avec respect et marque sa parfaite résignation aux ordres de Dieu ; l'affliction des jeunes enfants paraît inspirée à leur âge par la connaissance qu'ils peuvent avoir de leur malheur , mais la mère qui va perdre son cher époux est entièrement couverte de son voile, trait ingénieux qui a été plus d'une fois employé dans l'antiquité et parmi nos modernes, et qui retrouve ici naturellement sa place dans la sage défiance du peintre de n'oser outrer les ressources de l'art en essayant de rendre sur la toile le comble de la douleur.

Deux dessus de portes.

Rien ne marque mieux le génie et le goût supérieur qui ont présidé à la distribution de cet ouvrage , que ces deux morceaux tout simples qu'ils sont. Il eût été facile de trouver encore deux sujets à glaner dans l'histoire

de Tobie , mais on a beaucoup mieux aimé
que les deux dessus de portes par lesquels
on entre dans cette galerie , fussent ornés
de deux figures allégoriques qui pussent concourir à former avec le tout ensemble , une
juste idée de la noblesse du projet, qui par
ce moyen se trouve en quelque sorte réuni
dans un seul point de vue.

Ainsi, on voit d'un côté, la religion judaïque personnifiée avec tous les symboles qui
servent communément à la désigner , de
l'autre côté , est peinte une belle femme en-
vironnée de jeunes enfants, qui représente la
charité ; ce sont ces deux vertus éminentes
qui ont plus particulièrement caractérisé la
famille de Tobie , et ce sont elles qu'on re-
trouvent à chaque pas retracées dans le 14e
tableau qu'on vient de décrire.

Tout ce que je puis ajouter, Monsieur, pour
mettre fin à ce long mémoire , c'est de recueillir autant que possible les suffrages du
public et de convenir que l'on peut, à la vérité, avoir vu des galeries beaucoup plus vas-
tes et plus enrichies que celle de M. le duc
de Noailles , mais il ne serait pas aisé d'en
trouver une où l'on eut plus judicieusement

rassemblé l'agréable joint à l'utile. Tant de sujets tirés d'une même histoire et pris dans les livres saints , ne peuvent manquer d'édifier et d'instruire, tandis que la manière aisée et naturelle dont ils sont traités offre à la vue une variété agréable.

Pour ce qui est de Parrocel, d'Avignon, sa touche , sans être heurtée ni aussi fière que celle des deux peintres du même nom dont on a parlé au commencement, est cependant bien arrêtée et très juste, ses contours sont flexibles et disposés avec liberté , ses fabriques d'un goût nouveau, mêlé d'antique et de moderne, ses lumières douces et vraies , et son coloris , qui est brillant sans donner dans l'excès , paraîtrait tenir beaucoup de l'école de Pierre et de Nicolas Mignard , si ce n'est que les teintes en sont plus vagues et qu'il est par conséquent moins pesant et moins cru.

En un mot , sa manière de composer est ingénieuse, sa façon de dessiner paraît viser à celle de Pierre de Cortune , c'est même un goût qu'il a communiqué à ses élèves en tr'autre à son neveu (Etienne) de Rome et au sieur Philippe Sauvan, d'Avignon , ce qui suffirait seul pour détruire les imputations injurieuses qui, d'ailleurs, se détruisent par elles-mêmes.

À l'égard de ses airs de tête, il m'a semblé que tout le monde s'accordait à leur trouver de la finesse, de l'expression quant il le faut, et surtout des grâces.

Heureux ces peintres, habiles gens en tout genre, qui trouvent à développer leurs talents sous l'égide d'un protecteur éclairé.

A St-Germain-en-Laye, ce 16 mai 1739.

X

PIERRE - IGNACE PARROCEL,

Graveur,

FILS DE PIERRE.

Pierre-Ignace Parrocel, fils de Pierre Parrocel et de Magdeleine de Palasse, naquit à Avignon ; il fut baptisé à l'église St-Agricol de cette ville le 26 mars 1702. Son père le conduisit fort jeune à Rome, c'est là qu'il fut élevé ainsi que son frère Joseph-François et son cousin Etienne.

Pierre-Ignace Parrocel s'était fixé à Rome,

puis à Naples. Selon d'Argenville, qui le désigne sous le seul nom d'Ignace, il aurait été
pensionnaire du roi dans cette première ville.

Pierre-Ignace Parrocel est l'auteur de la
grande estampe du *Triomphe de Mardochée*,
d'après J.-D. Troy, signée J.-P. Parrocel, del.
et sculp., attribuée à tort à Etienne son
cousin-germain.

Il a le plus souvent pris le seul prénom de
Pierre. Il a gravé en 1740 et 1744, à Rome,
une suite de saints, d'après Bernin. Je dois à
M. P.-D. Baudicour l'envoi de six pièces de
cette première suite dont l'une porte la date
de 1740, une autre portant les initiales J.-P.
avant le nom de Parrocel, et une autre portant les initiales J.-P.-P.

L'existence de Pierre-Ignace n'ayant pas
été mise en lumière d'une manière bien précise, les trois pièces que je viens d'indiquer
ainsi que le *Triomphe de Mardochée*, suffi-
raient au besoin pour établir son individualité et justifier l'indication fournie par dom
Pernetti et Mariette et confirmée par M. Taillandier.

M. P. de Baudicour m'a également adressé
cinq autres statues d'après le Bernin, plus

une grande estampe représentant une allégorie exécutée en grand pour un feu d'artifice à Naples à l'occasion de l'heureuse grossesse de la reine des Deux-Siciles, portant la date de 1740 et signée Pietro Parrocel, *inv. dis e incise.* Au-dessous, l'explication commence par ces mots : *Magnorum soboles régum parituraque reges.*

J'ai retrouvé le pendant de cette estampe à Marseille, je la dois à M. Menut, elle porte la date de 1739 ; elle est signée Pietro Parrocel. *Inv. dis e incise.*

C'est également une allégorie exécutée en grand pour un feu d'artifice à Naples, par Michel-Angelo Spechi, architecte.

Au-dessous on lit l'explication en texte italien, commençant par ces mots : *Felicitas publica.*

Ce feu d'artifice fut tiré en l'honneur des lois nouvelles promulguées en 1739 à Naples, par S. M. don Carlo de Bourbon, roi des Deux-Siciles, etc., pour le bonheur de son peuple, etc.

Les deux allégories dont je viens de parler prouvent que Pierre-Ignace Parrocel était un des dessinateurs et graveurs ordinaires du roi de Naples.

A la bibliothèque du musée de Lyon, il existe une pièce signée J. P. Parrocel (1), fort rare, représentant un lion couronné et entouré de fleurs par des enfants, on lit au bas : J. P. Parrocel 1770, venu au rebours. Cette pièce indique qu'il vivait encore à cette époque.

M. P. de Baudicourt décrit, dans son second volume actuellement sous presse, l'œuvre connue de Pierre-Ignace Parrocel.

Tous les biographes, à l'exception de Dom Pernetti, Mariette et M. Taillandier, que j'ai cité plus haut, ayant donné à Etienne Parrocel l'œuvre de Pierre-Ignace, tous les biographes, dis-je, sont unanimes pour louer Etienne comme graveur.

---

(1) Anciennement on n'attachait pas une grande importance à l'orthographe des noms, ainsi qu'à l'ordre dans lesquels les prénoms figuraient sur les actes de baptême. Ce fait m'explique pourquoi Pierre-Ignace Parrocel, qui était connu et particulièrement désigné et qui, du reste, signait de préférence du premier prénom, plaçait lorsqu'il s'en servait, ce qui arrivait assez rarement, l'initiale d'Ignace avant celle de Pierre. De nos jours, bien que l'on soit très sévère à cet égard dans tous les actes publics, il ne manque pas de personnes qui ne savent pas d'une manière certaine, dans quel ordre leurs prénoms sont inscrits.

En rendant à Pierre-Ignace Parrocel ce
qui lui appartient, je dois également lui restituer le titre de graveur distingué, que ses
œuvres avaient fait accorder à Etienne Parrocel, dont on ne connaît aucune estampe ni
aucune eau forte.

XI

JOSEPH - FRANÇOIS PARROCEL,

Peintre et Graveur,

AGRÉÉ DE L'ACADÉMIE.

Joseph-François Parrocel, auquel presque tous les biographes ont donné à tort les prénoms de Joseph-Ignace-François, naquit à Avignon. Il fut baptisé à l'église St-Agricol de cette ville, le 3 décembre 1704. Il était fils de Pierre Parrocel, peintre d'histoire, et de Magdeleine de Palasse.

Conduit fort jeune à Rome par son père, il fut élevé dans cette ville.

M. Taillandier, auquel j'ai emprunté déjà une partie de sa notice à l'occasion d'Etienne Parrocel, continue ainsi :

Joseph-Ignace-François Parrocel était né à Avignon en 1707. Il fut élève de son père ; après avoir voyagé en Italie, il vint à Paris, où il cultiva l'art de la peinture. Il fut agréé à l'Académie comme peintre d'histoire, en 1753 (1).

Dom Pernety, dans son dictionnaire portatif de peinture (2) dit qu'il se distinguait par son talent, particulièrement pour les décorations et les grandes machines. « Il vient de peindre, ajoute-t-il, la grande coupôle de l'église de l'Abbaye du Mont Saint-Quentin, en Picardie, et c'est de lui que je tiens les instructions sur la peinture en détrempe que j'ai insérées dans ma préface.

Dans cette préface, Dom Pernety dit « La bonne détrempe se soutient parfaitement ; j'en ai vu dans les appartements de M. Joseph Ignace Parrocel , exécutée de sa

---

(1) Archives, documents 1400.
(2) Paris, 1757, vol. in-8°.

propre main sur les murailles, qui s'est soutenue dans toute sa beauté depuis nombre
d'années.

Ce célèbre artiste a acquis dans ce genre
de peinture, par le grand exercice, et les
observations judicieuses qu'il a faites, des
connaissances qu'il m'a communiquées avec
cette bonté, cette politesse, et cet empresse-
ment qu'il a toujours de rendre service et
que tout le monde reconnaît. »

Parrocel et Diderot s'étaient liés ensemble,
ils étaient voisins; le premier, demeurait à
l'angle de la rue Saint-Benoît et de la petite
place du même nom; le second, au coin de
la rue Taranne et de cette même place.

Cette amitié réciproque n'empêcha pas
Diderot de se moquer de Parrocel. Il dit dans
son salon de 1761, en parlant de l'*Adoration
des Rois* exposée par ce peintre : « Parrocel
est à Vien ce que Vien est à Lesueur, Vien
est la moyenne proportionnelle aux deux
autres. »

M. Taillandier cite encore les jugements
de Diderot sur d'autres œuvres de Joseph-
François Parrocel, où il traite ce dernier
encore plus cavalièrement, et M. Taillandier
ajoute : Il est vrai que les critiques des sa-

lons de Diderot n'étaient pas destinées à recevoir de la publicité.

Parrocel s'était marié deux fois, il eut de son premier mariage avec une demoiselle Françoise Lemarchand, une fille que la biographie universelle appelle Mme de Valrenseaux et que M. Villot nomme Mme de Valsaureaux, sans que j'aie pu vérifier quel était le véritable nom de cette dame, quoiqu'il en soit elle vivait encore, nonagénaire, en 1823 et cultivait avec talents, comme je l'ai déjà dit, le genre des fleurs et des animaux.

Etant devenu veuf, Parrocel épousa en secondes noces une anglaise, nommée Christine Edwige Ally. Il en eu trois filles que j'ai beaucoup connues dans ma jeunesse.

L'aînée, appelée Mlle Marion, est décédée rue de Sèvres, n. 19, le 26 juin 1824, âgée de quatre-vingt-un ans ; elle était élève de son père et cultivait la peinture historique. Je me rappelle avoir vu chez elle des copies qu'elle avait faites d'après des tableaux de Boucher, de Vanloo et d'autres peintres érotiques de ce temps.

Ces copies doivent figurer aujourd'hui, dans quelques galeries d'amateurs, comme des originaux, car elles étaient rendues avec beaucoup de soin, et leur coloris mou et léché avait du rapport avec celui des peintres qu'elle avait pris pour modèles.

La seconde fille de Parrocel dont nous parlons était Mlle Thérèse ; elle peignait la miniature, et je possède d'elle quelques portraits de famille qui ne sont pas sans mérite. Elle fut la survivante des trois sœurs et mourut à l'institution de Ste-Perine, le 18 janvier 1835, dans un âge très-avancé.

La troisième, Mlle Jeannette, ne cultiva pas les arts ; elle décéda à l'âge de quatre-vingt-cinq ans, le 25 février 1832.

Ces trois vieilles filles ont demeuré pendant près de vingt ans dans une maison appartenant à mon père, rue du Dragon, n. 30. Elles occupaient un modeste appartement situé au quatrième étage qui, en 1822, a été habité par M. Victor Hugo.

C'est là qu'elles ont passé tout le temps de la révolution ; c'est là que je les voyais dans ma jeunesse, ayant grand plaisir à les entendre parler de Joseph Vernet, de Greuze, de Diderot, qui avaient été les amis de leur père, ainsi que Desmaisons, architecte du roi, membre de l'académie d'architecture depuis 1762, à qui on doit la belle façade du palais de justice, du côté de la rue de la Barillerie. Elles racontaient avec esprit, mais sans prétention, des anecdotes curieuses et piquantes sur ces personnages.

Quant à Joseph-Ignace-François Parrocel, père des trois demoiselles Parrocel dont je viens de parler, il était mort le 14 décembre 1781, rue de Bourbon, aujourd'hui rue de Lille. Il fut inhumé dans l'église de Saint-Sulpice.

L'abbé Aubert, en annonçant sa mort dans ses *Petites Affiches* lui donnait le titre de *peintre du roi et de son Académie royale de peinture et de sculpture.*

En lui s'est éteint le dernier des Parrocel, car on ne peut classer ses filles parmi les peintres qui ont concouru à donner de la renommée à leur famille.

Voici son acte mortuaire que j'ai copié sur les registres de Saint-Sulpice, déposés aux archives de l'Hôtel-de-Ville :

« Le 16 décembre 1781, a été fait le convoi et enterrement dans l'église, de M. Joseph-François Parrocel, peintre du roy et de

l'académie royale de peinture et de sculpture, époux de dame Christine-Edwige-Alix
(*sic*), auparavant veuf de dame Marguerite-
Françoise Lemarchand , décédé le 14, rue de
Bourbon, âgé de soixante et dix ans. Témoins
messire Jean-André Cappeau, ancien chanoine de l'église de Saint-Pierre d'Avignon et
prêtre de la communauté de Saint-Paul , et
M. Jean-Pierre Mirfin, huissier commissaire-
priseur, amis du défunt , qui ont signé avec
Mᵉ Charles-Antoine-Gabriel-François de Mont-
bayen, écuyer.

» Signé : François de MONBAYEN ; CAPPEAU,
prêtre ; MIRFIN ; l'abbé NARDIN : REPS ,
vicaire. »

Je n'ajouterai rien au spirituel et savant
article de M. Taillandier , je lui ferai simplement observer que les prénoms donnés par
l'acte mortuaire au Parrocel dont nous nous
occupons, sont parfaitement identiques avec
ceux de son extrait de baptême que j'ai relevé dans les registres de la paroisse de Saint-
Agricol d'Avignon , qui porte simplement
Joseph-François.

Je dirai plus, tous les dessins ainsi que les
eaux-fortes que je possède de lui, sont signés
Joseph-François.

Joseph-François a publié un catalogue tiré à un petit nombre d'exemplaires qui est fort rare et dans lequel il ne prend pas d'autres prénoms.

D'Argenville, en parlant des fils de Pierre, dit qu'Ignace était pensionnaire du roi à Rome. Cette circonstance peut motiver cette confusion, si Joseph-François a obtenu cette faveur.

Quant à l'aînée des filles de Joseph-François Parrocel, elle avait épousé, à Paris, Jean-Baptiste Lefebvre de Valrenseaux, avocat au parlement de cette ville ; devenue veuve, elle demeura jusqu'à sa mort rue des Francs-Bourgeois, n. 25, quartier du marché St-Jean, faisant partie du 7e arrondissement.

Elle s'était fait une certaine réputation comme peintre de fleurs et d'animaux, elle peignait encore à l'âge de quatre-vingts ans.

Née en 1734, elle mourut le 27 juillet 1829, âgée de quatre-vingt-quinze ans. Ses noms de fille étaient Jeanne-Françoise-Pallas Parrocel. Je possède son acte de décès dûment légalisé. C'est donc sons le nom de Valrenseaux qu'il faut la désigner.

Mon cousin, M. de Lorme de Saze, possède son portrait. J'en possède un de Mlle Marion portant pour signature : Marie Parrocel et la date de 1777. Il est bien traité et prouve qu'elle n'était pas sans talent.

Joseph-François exposa au salon de 1755 un grand tableau représentant le triomphe de J.-C. ou de la croix et celui de la Sainte-Vierge, le Père-Eternel, environné de vieillards de l'Apocalypse et de la cour céleste, donne sa bénédiction.

Il exécuta cette composition à la détrempe dans la coupole de l'église de l'abbaye des Bénédictins du Mont-St-Quentin, près Péronne ; elle a 90 pieds de circonférence sur 22 pieds de hauteur.

En 1757, Joseph-François, qui prend le titre d'agréé de l'Académie, exposa au salon de cette année :

1. *L'Assomption de la Sainte-Vierge*, tableau destiné à l'abbaye royale des Bénédictins du Mont-St-Quentin, près Péronne, haut de 20 pieds sur 10 pieds 2 pouces de large.

2. L'esquisse du même tableau.

3. *Les Quatre Saisons*, dessins séparés.

4. *Les Quatre éléments*, en un seul dessin.

au crayon noir et blanc, haut de 11 pouces 7 lignes sur 17 pouces 7 lignes.

5. *Minerve sortant étonnée du cerveau de Jupiter*, dessin au crayon rouge et blanc, haut de 18 pouces 9 lignes sur 24 pouces de large.

6. *Apollon sur le Parnasse distribuant des couronnes aux Muses*, dessin au crayon noir, haut de 23 pouces 26 lignes.

Ce dernier sujet était destiné à orner le fond d'une salle de concert.

En 1759, il exposa : 1. un tableau de 12 pieds en carré, destiné à l'abbaye des Bénédictins, pour laquelle il avait exécuté déjà de nombreux travaux. Cette toile représentait Agar chassée par Abraham s'enfuyant dans le désert, où l'eau lui manquant, elle s'éloigne de son fils Ismaël, pour ne pas le voir mourir, lorsqu'un ange lui apparaît et lui montre une source ;

2. Deux esquisses représentant chacune l'Assomption de la Sainte-Vierge, composées pour la coupole de l'église des Bénédictins d'Orléans, dont le diamètre était de 22 pieds; il en avait exécuté une en 1758.

En 1761, le salon ne mentionne de lui

qu'un seul tableau de 8 pieds 9 p., l'adoration des Rois.

Celle de 1763, la Sainte-Trinité, de 11 pieds de haut sur 6 p. 7 p.

Celui de 1765, les deux tableaux de Céphale et de Procris, si dénigrés par Diderot, ainsi que celui de J.-C. sur la montagne des Oliviers, de 16 pieds de haut sur 7 de large, et son esquisse d'une gloire, qu'il exposa en 1767.

En 1771 le salon mentionne un tableau de 11 pieds sur 6 pieds 3 p. destiné à l'abbaye des Bénédictins à Tonnère, représentant une assomption de la Vierge.

L'esquisse de la *Multiplication des Pains*, composition qu'il avait exécuté sur une toile de 22 pieds de large sur 8 pieds de haut, pour le réfectoire des Bénédictins de la Couture-du-Mans, figura à l'exposition] de 1779 et celle de la *pêche miraculeuse*, tableau qui lui servait de pendant et qui fut également peint par lui pour le même couvent est signalé par le livret de 1781.

Joseph-François ne s'est pas occupé seulement d'histoire, les sujets de genre lui étaient familiers ainsi que les tableaux de bataille. Le Musée de Versailles possède de lui huit grandes batailles dont six seulement sont exposées , le sujet des deux autres n'ayant pas été reconnu, elles sont réléguées dans les magasins.

Le livret les donne à Ignace (1), mais c'est Joseph-François qu'il faut lire. Ils portent les numéros 193, 192, 198, 200, 206 et 207.

Les deux premiers représentent le *Siége de Tournay*, 26 avril 1745 (l'un de la rive droite, l'autre de la rive gauche de l'Escaut), investi par le maréchal de Saxe , tandis que l'armée ennemie se dirigeait du côté de Mons et de Maubeuge, qu'elle croyait menacé.

Six mille anglais envoyés au secours de Gand , qui sont défaits près de l'abbaye de La Melle , par une colonne française sous le commandemnet du général Duchayla 9 juillet 1745, sont le sujet du n. 198.

Le n. 200 est le *Siége d'Oudenarde* , 17 juillet 1745.

---

(1) M. Eud. Soulier, conservateur du musée de Versailles, auteur de la notice auquet j'ai écrit au sujet de ces tableaux, m'a répondu de la manière la plus obligeante, reconnaissant qu'ils sont de Joseph François. Je l'en remercie. Il comprendra l'importance de cette rectification. Ignace étant mort en 1722, et ces tableaux ayant été peints beaucoup plus tard.

Après la prise de Gand, le comte Lowendal fit ouvrir la tranchée devant Oudenarde, le 17 juillet, la ville capitula le 21.

N. 206. Siége de Charleroi, 2 août 1746, le prince de Conty commanda le siége, la tranchée fut ouverte dans la nuit du 28 au 29, et la capitulation fut signée le 2 août, après trois attaques vigoureuses.

N. 207. Siége de la ville de Namur, septembre 1746.

Namur fut investi le 9 septembre, cinquante-neuf bataillons et cinquante-six escadrons attaquèrent la ville, cinq batteries de canons ouvrirent le siége par un feu aussi vif que meurtrier, la ville capitula le 19 septembre.

Joseph-François visita a plusieurs reprises sa ville natale, M. le marquis de Javon Baronceli, possède un salon peint par lui en 1760.

Ce salon fut inauguré cette année pour le mariage de la marquise, grand'mère des Javons actuels. Il se compose sur les deux côtés de quatre panneaux de 1 m. 85 c. de longueur sur 1 m. 125 de hauteur, représentant les quatre sujets suivants : *Le Camp, là Préparation à l'attaque, le Combat, après la bataille.*

Au fond il existe quatre autres panneaux de 1 m. 25 de longueur sur 95 de hauteur : *Un choc de cavalerie, un Convoi de prisonniers, un Camp, une Vue de ville* située au bord de la mer. Dans ce dernier tableau Parrocel s'est peint lui-même là dessinant.

La couleur de ces toiles est légèrement bitumineuse, les panneaux du fond sont plus clairs et mieux conservés que les premiers. La composition en est bien entendue, les figures sont dans un bon mouvement et dessinées avec hardiesse, les chevaux sont moins heureux, leurs têtes surtout manquent de vérité.

Le musée d'Avignon possède sous le n. 196 une toile de 1 m. 5 sur 70 c. 4, parfait de conservation, représentant une halte de cavaliers romains, attribuée à Joseph Parrocel.

Ce tableau, peint dans la pâte, possède les mêmes qualités et les mêmes défauts que ceux appartenant à M. le marquis de Javon. C'est la même touche et le même faire. On peut, sans crainte, le restituer à Joseph François.

Manque de style et de correction dans le dessin de ses chevaux et couleur bitumeuse. Voilà deux défauts qui empêcheront toujours de confondre ses batailles avec celles de son grand oncle Joseph et de son cousin Charles.

On doit à Jh-F. Parrocel plusieurs eaux fortes représentant de jolis sujets de genre. M. Prosper de Baudicourt donne la description de son œuvre dans son second volume actuellement sous presse.

L'œuvre de Joseph-François Parrocel est considérable et disséminée plutôt en France qu'à l'étranger.

On conserve de lui de fort beaux dessins à la plume, l'un des plus célèbres après celui dit des Enfants, est la *Bataille de Josuë*, qui est rehaussé de sanguine, ce qui donne du relief à la pierre d'Italie, dont ce peintre se servait fréquemment.

Au catalogue de la vente Lebrun se rencontre la description d'un tableau attribué à Joseph-François Parrocel, qui représente des soldats revêtus de cuirasses et qui s'apprêtent à pénétrer dans un fort.

XII

JOSEPH PARROCEL ,

Brigadier des Gardes du corps sous Louis XV et sous
Louis XVI , mestre de camp de cavalerie et
Chevalier de St-Louis, seigneur de Tavel.

D'après les recherches que j'ai fait faire
dans les registres des sept paroisses d'Avignon, travail dont M. Canron, avocat, s'est
acquitté pour moi, avec un soin scrupuleux et
une infatigable persévérance , je vois les
enfants de tous les peintres, dont j'ai parlé

précédemment, se disperser et mourir sans postérité.

La trace de la descendance d'Ignace-Jacques Parrocel, se retrouve seule aujourd'hui par les femmes. Jean-Louis, son fils aîné, né le 16 décembre 1696, époux de Marie Constantin, eut trois fils et trois filles, dont 'un d'eux nommé Joseph, né le 4 juin 1723, sur la paroisse de Saint-Agricol, mérite une mention particulière, bien qu'il n'appartienne pas à l'art de la peinture.

Après avoir conquis le grade d'officier, sur les champs de batailles, dans les campagnes de Flandre, Joseph entra dans les gardes du corps du roi, compagnie de Villeroi, le 18 décembre 1746.

Nommé fourrier-major, le 1er janvier 1765, son avancement fut dès lors très rapide.

Il fut fait sous-brigadier, le 3 juillet 1767, commissionné capitaine le même jour, il obtint le grade de brigadier, le 1er janvier 1770, celui d'exempt sous-aide-major, le 5 juillet 1771, et enfin, le brevet de mestre de camp de cavalerie, le 30 septembre 1771.

Comme son cousin l'ingénieur, Joseph obtint des lettres de noblesse, il fut fait chevalier de Saint-Louis la même année.

Il prit sa retraite le 12 septembre 1774, avec jouissance de trois pensions qui lui avaient été précédemment accordées, elles s'élevaient à trois mille six cents livres sur le budget de la guerre, et à cent vingt livres sur la cassette particulière du roi.

Ces pensions lui furent confirmées par un brevet, en date du 1ᵉʳ août 1779.

Des trois sœurs du chevalier, l'une avait épousé le comte Pillet de Beaucaire, l'autre, M. de Gastaldy, natif d'Avignon, médecin du roi et dont le portrait existe au Musée de cette ville, et enfin la dernière était mariée à M. le comte de L'Orme, seigneur de Mallemort et de Montezargues.

Le chevalier de Parrocel acheta en 1776, dans le département du Gard, la seigneurie de Tavel (c'était un marquisat), de moitié avec son beau-frère M. de Gastaldy.

Son neveu Charles-Joseph Crépin de L'Orme, officier au régiment Lyonnais-Infanterie, auquel il avait fait épouser demoiselle Agnely Pascale de Conneaux de Varages de Bourbon, fille naturelle de Louis XV, qui avait un douaire de six cent mille livres, son neveu, dis-je, avait acheté à son tour la terre

seigneuriale de Saze, près Tavel, appartenant
à M. le marquis de Javon Baronceli.

Bien que royaliste au fond, M. Charles-
Joseph Crépin de L'Orme put traverser la
Révolution la vie sauve, mais non sans péril,
grâce à son énergie peu commune et un certi-
ficat de civisme que lui fit accorder M. de
Girardin, auquel il avait vendu sa terre de
Mallemort, ainsi que le droit d'en prendre les
titres au cas où la Révolution les respecterait.
Ce fut chez lui que le chevalier de Parrocel
trouva un refuge à l'époque de la terreur; il
y mourut célibataire, le 20 pluviôse, an VI
de la République.

Le frère aîné du chevalier Jean-Jacques
François Parrocel, né le 25 février 1721,
habitait avec lui; il avait été prieur des
Chartreux à Valbonne; il mourut également
à Saze, le 28 pluviôse, an II de la République.

Son plus jeune frère Antoine Parrocel, né
le 15 juin 1724, était moine des Célestins,
état pour lequel il n'avait aucune vocation.
Le chevalier lui faisait une pension, ce qui
ne l'empêchait pas de faire des dettes. J'ai
trouvé une note curieuse, constatant cette
particularité, dans le grand livre de comptes

du chevalier, écrite de sa main : « J'ai payé, dit-il, au père Gilibert, minime, pour faire subsister mon frère, ayant mangé à Marseille son année de pension, qu'il avait empruntée d'un abbé de Sainte-Garde, et lui ai avancé, à commencer du 1er juillet 1782, la somme de 120 l., plus, pour six bouts de tabac que je lui ai fournis.... 101 l. » — Suivent d'autres détails.

A la Révolution, ce moine se fit relever de ses vœux, il épousa une femme de chambre dont il eut une fille, mariée à M. Manenti, ancien maître de pension à Avignon, laquelle fille vit encore.

Aujourd'hui, un des fils de M. de L'Orme, vieillard de soixante-quinze ans, M. Casimir de L'Orme et ses petits fils, jeunes gens excessivement distingués, cultivent de leur mains leur propre héritage, le neveu de ce vieillard, M. Auguste de L'Orme, qui possède une vaste propriété sur la même commune, en surveille les travaux.

Je dois à l'obligeance de ces messieurs, les détails que je viens de consigner ici. Quant aux états de service du chevalier, Son Exc. le Ministre de la guerre, m'a fait l'honneur de me les adresser sur ma demande. Je retrouve également dans la correspondance de mon cousin, M. Auguste de L'Orme, quelques particularités qui ne manquent pas d'un certain intérêt, et qui trouvent naturellement leur place dans ce petit volume.

Mais avant d'aller plus loin, je dois dire comment je fis connaissance de ces messieurs.

Il y a environ deux ans, j'avais appris par un de mes amis, M. l'abbé Roux, que les messieurs de L'Orme de Saze avaient été les héritiers de la maison de Parrocel, je leurs fis une visite, c'était à l'issue du Concours Régional qui avait lieu à Cavaillon, le 3 septembre 1859.

Parti d'Avignon à sept heures du matin, j'arrivais vers huit heures et demie sur le territoire de Saze, devant une grande campagne isolée que j'eus quelque peine à trouver. Je fus accueilli sur le seuil par une femme d'un certain âge, à la physionomie franche et ouverte, c'était la mère de M. Auguste de L'Orme, elle appela son fils. Je vis bientôt devant moi un beau jeune homme à la figure bourbonienne, à la taille haute et au regard doux et bienveillant, je lui exposai le but de ma visite, il se mit à ma disposition, et nous fûmes de compagnie au village où résidait son oncle, M. Casimir de L'Orme, vieillard à l'œil vif et intelligent. Nous le trouvâmes lui et un de ses fils. Ces messieurs me reçurent dans la grande salle basse de l'ancien château, lequel est précédé d'une grille en fer et dont la cour d'honneur est convertie en basse-cour.

La connaissance faite, la plus parfaite intimité s'établit immédiatement entre nous. Le vieillard me fit voir la place qu'occupaient à la Révolution, les vingt-trois portraits de famille qu'ils possédaient et dont j'indiquerai plustard le sort; j'appris de M. Casimir de L'Orme (1), qu'à l'époque dont je viens de parler, tout les parchemins et toutes les archives déposées au château avaient été brûlées, ou avaient été employées à des usages domestiques; enfin, ajouta M. C. de L'Orme, il en restait deux sacs échappés à ce désastre, nous avions remis ces pièces à M. Bos, notaire d'Avignon, il y a de cela une douzaine

(1) Bien qu'ayant conservé en souvenir de leur famille, les armes réunies des de L'Orme, celle des Varages et des Parrocel, ces messieurs signent aujourd'hui Delorme tout court. Ils me pardonneront, je l'espère, d'avoir rétabli l'orthographe de leur nom.

d'années, elles se sont égarées dans un déménagement et nous n'y pensons plus; le seul souvenir qui nous reste du chevalier de Parrocel, c'est son livre de compte. Je parcourus cette relique et j'y trouvais la date de la confirmation de ses brevets de pension, celle de l'acquition de la terre seigneuriale de Tavel, ainsi que ses recettes de fermages, etc., etc. Je pris ensuite note des explications que me donna M. Casimir de L'Orme sur sa famille, explications qui m'ont été confirmées par M. Auguste de L'Orme dans la correspondance que nous avons échangée.

Je profitai de ma présence à Saze pour relever dans les registres de la paroisse, la date de la mort du chevalier et de celle de son frère, ce qui me fut facile avec le concours de ces messieurs, dont le bienveillant accueil ne sortira jamais de ma mémoire.

Je racontai à mon tour mon intention d'écrire l'histoire de la famille dont ils conservaient un pieux souvenir. Ce fut un bonheur pour eux de retrouver en moi un des descendants de ces artistes, et une grande satisfaction d'apprendre le but que je poursuivais. Ils me questionnèrent alors sur mes travaux, sachant que je m'occupais de peinture, de littérature et de poésie, comme délassement, ils en augurèrent que je devais être un artiste, et ils se formèrent de moi une opinion bien supérieure à mon mérite.

Je constate cette impression laissée par moi sur mes cousins, elle ressort avec une telle force dans la première lettre que m'adressait M. Auguste de L'Orme, que ma modestie en souffrirait cruellement, s'il m'était permis de me faire la moindre illusion sur la valeur de mes œuvres.

Mais la lettre dont je parle est écrite avec une si touchante simplicité, elle reflète si bien un noble cœur, que je suis heureux de l'insérer dans mon ouvrage comme un document et un souvenir de la bienveillante coopération de M. Auguste de L'Orme, en lui donnant ici l'assurance de ma sincère amitié.

La Rouvière, 19 *août* 1860.

« MON CHER COUSIN,

« Votre lettre m'a fait un sensible plaisir, à la campagne où la vie est monotone et uniforme, le souvenir d'un ami fait du bien, nous avons été aussi très enchantés de faire votre connaissance, d'autant plus que cela est arrivé dans un moment où nous croyions cette bonne race des Parrocel presque éteinte, nous sommes fiers de pouvoir dire aujourd'hui, qu'un artiste pourra, par ses talents, faire revivre ce nom trop longtemps resté dans l'oubli, et continuer en même temps cette longue généalogie d'artistes , unique dans l'histoire.

« Pour nous, cher cousin, si nous avons conservé de cette race et la beauté et la force du corps, et la franchise du cœur, nous n'avons plus dans les veines, l'étincelle de ce feu divin qui mène à la postérité, à vous, cher cousin, cette part du caractère de nos aïeux, elle n'est pas la moindre.

« Les quelques pages que vous nous lûtes de votre travail, me charmèrent; nous espérons que le tout répondra à une œuvre aussi bien commencée et que le succès qui la couronnera sera le prix de votre mérite et de vos travaux.

« J'ai fait part de votre lettre à mes parents de Saze, ils ont reçu avec beaucoup de joie, de vos nouvelles, mon oncle m'a promis de rappeler tout ses souvenirs sur le vieux chevalier, je vous ferai parvenir dans une autre lettre tous les détails que nous aurons pu recueillir, veuillez croire que nous serons heureux de pouvoir apporter, une petite pierre au monument que vous élevez à la gloire de la famille.

« Pour notre part, nous ne vous avons pas oublié, ma mère vous remercie de votre bon souvenir ; veuillez être mon interprète auprès de votre famille, bien que je n'aie pas l'honneur de la connaître.

« Votre tout dévoué cousin,

« DE L'ORME. »

Dans une autre de ses lettres, voici ce que me dit mon cousin, parlant du chevalier :

« Nous avions de lui un brevet de mestre de camp de cavalerie, quelques notes écrites de sa main et une foule de réponses provenant de ses amis, sur toutes sortes de sujets : affaire de cour, politique, guerre, etc., il y avait même quelques feuilles portant le cachet du roi, elles contenaient des ordres relatifs à la charge du chevalier, et étaient signées Louis ; elles étaient datées du commencement de la Révolution ; de tout cela il n'existe plus rien.

« Quant à ses amis, tout ce que je sais, c'est qu'il était très lié, à Beaucaire, avec M. de Porcelet et le comte Pillet qui était son parent ; il était également très lié avec le duc de Villeroi qui avait été son colonel des gardes, nous avions de ce dernier une foule de lettres.

« Si vous désirez son portrait, le voilà : Il était d'une haute stature, il avait six pieds, ses membres était largement découpés et sa force herculéenne, il avait la figure ouverte et le port majestueux ; tout dévoué à la cause royale, il exposa souvent sa vie pour son service.

« Il ne quitta Paris que lorsqu'il vit la cause du roi complètement perdue. Ce fut alors qu'il se réfugia à Saze, chez son neveu, mon grand père.

« Bien qu'ayant pris sa retraite en 1774, lorsqu'en 1788, le roi fit appel à la noblesse, il avait mis immédiatement son épée au service de la monarchie, et son dévouement à son souverain fut sans bornes. Les armes des Parrocel, vous le savez, portent trois flèches d'argent sur fond d'azur , surmontées d'un casque, le chevalier y avait ajouté une croix de Saint-Louis , et remplacé le casque par une couronne de marquis. »

M. de L'Orme ajoute :

« A côté des grandes qualités que je viens de vous signaler, le chevalier avait un vice commun à toute la haute noblesse d'alors, je veux dire cette luxure effrénée qui ne contribua pas peu à renverser le trône, et il était de plus philosophe Voltairien. »

Dans une troisième lettre, mon cousin me donne de longs détails sur le sort de la galerie de tableaux qui existait au château du chevalier de Parrocel.

« Mon grand-père, me dit-il, comme héritier direct de la maison de Parrocel, possédait tous les tableaux des divers artistes de cette famille, de plus une foule d'autres tableaux des meilleurs peintres, qui provenaient de dons, échanges, ou acquisition faites par ces messieurs. J'ai entendu dire, dans ma famille, que sous la Restauration, un peintre en ayant fait une évaluation de 80,000 f. mon grand-père crut devoir retirer les plus grands avantages de cette collection, aussi l'exposa-t-il en vente.

« La pluspart des beaux tableaux qui décorent les salons de la ville d'Avignon, sont de cette provenance.

« La première exposition de ces tableaux fut faite chez M. Sauvan, chirurgien-major de l'hôpital général de la ville d'Avignon, en second lieu on les retira pour les placer chez M. Dominique Aubert, notre cousin, ancien intendant du château de Néuilly, puis enfin, M. Ailhaud, mon oncle, les fit enlever pour les exposer chez lui. Il les fit reconnaître par M. Raspail, professeur de dessin de la ville d'Avignon, et visiter par bon nombre d'amateurs, et il en vendit la plus grande partie au préjudice de mon grand-père, qui réclama vainement pour rentrer en possession de ses tableaux, ce fut alors que mon grand-père fit dresser une enquête à ce sujet, mais toutes ses démarches furent inutiles.

« On pourrait, peut-être, trouver la note de cette collection dans les pièces du procès qui eut lieu alors, cette note donnerait le plus grand jour sur certaines œuvres des Parrocel.

« Je trouve dans une vente, faite par mon grand-père, d'une partie du mobilier du château de Saze, en date du 30 avril 1811.

« Onze portraits de familles, trois tableaux, plus vingt-trois tableaux de toute grandeur, une tapisserie à points des Gobelins, représentant divers personnages, le tout pour la somme de trois mille francs; notez bien qu'aux tableaux sus-énoncés était joint un mobilier qui aurait suffi pour meubler un vaste hôtel.

« Quant aux tableaux que je possède, ce sont les malheureux débris de tant d'infortunes; après avoir passé dix ans dans un grenier, où mon père les avait jetés, pour les soustraire à de plus grands malheurs, les crises de famille passées, il secoua leur noble poussière, pour les exposer dans la maison qu'il habitait à Avignon.

« Après la mort de mon père, ma mère ennuyée de la ville, tourna ses regards vers les lieux où elle avait passé son enfance; dès-lors, nous emportâmes avec nous les derniers restes des souvenirs de notre famille. Arrivés à La Rouvière, que vous connaissez, il n'y avait pas alors de constructions propices à les recevoir, on les entassa dans un vaste hangar, pêle-mêle, avec des meubles, des tas de garances, des pommes de terre et des

chardons, à côté des troupéaux et des bêtes
de somme, tantôt suspendus à des instruments
aratoires ou à des colliers de charrettes, exposés à toutes les avaries, ils passèrent un an
ainsi. La plupart firent naufrage ; ce n'était
pas, peut-être, les plus mauvais; dans le
nombre, six belles marines furent perdues ;
des vingt-trois portraits de famille qui figuraient au château de Saze, il m'en reste
trois. »

Mon cousin ajoute :

« Dieu merci, il sortit encore un certain
nombre de toiles de ce Musée, le plus drôle
qui fut jamais, mais dans quel état! »

A l'époque où ces faits se passaient, M. de
L'Orme était jeune, il était alors en pension
au petit séminaire d'Avignon ; sa mère, élevée
à la campagne, ignorait la valeur des objets
qu'elle laissait ainsi détruire.

Quant à moi, j'ai visité dernièrement ces
tableaux ; à ma première visite à La Rouvière,
ils n'y étaient pas ; mon cousin les avait alors
envoyés à Pont-Saint-Esprit, chez son beau-
frère, et depuis lors il les avait fait revenir.
J'ai retrouvé là un magnifique Verdussen,
parfaitement conservé, mais dont le vernis

avait complètement tourné au gras. M. A. de L'Orme me l'a confié, ainsi que ses portraits de famille, je les fais réparer et ils figureront à notre Exposition.

M. A. de L'Orme possède également les quatre arts libéraux, peints par Pierre Parrocel, qui sont fort beaux, mais dans un piteux état, plus un Moïse sauvé des eaux, probablement une reproduction du tableau du Concours, qui valut à Charles Parrocel d'être nommé pensionnaire du roi à Rome. Quant aux autres toiles qu'il possède, il est impossible de leur donner un nom : percées, décroutées, moisies, détendues, elles ont subi le sort réservé aux choses d'ici-bas ; le temps a accompli son œuvre, il ne reste plus rien d'elles.

LES DESCENDANTS

DES PARROCEL.

CONCLUSION

J'en demande pardon au lecteur, mais je dois le prévenir que les personnages dont il me reste à l'entretenir n'ont rien de remarquable.

Si malgré ce début peu encourageant, la curiosité mise en éveil, le pousse a feuilleter mon œuvre jusqu'au bout, si l'ennui le saisit, il n'en accusera que lui même, ma responsabilité est à couvert.

Me voici à mon aise, — je puis donc expliquer le but que j'ai poursuivi en écrivant ma Monographie, et par quel concours de circonstances j'ai été amené à m'occuper de cet œuvre et finalement à publier cet essai qui précéde mon grand ouvrage, foulant aux

pieds la crainte puérile d'être taxé d'orgueil
et de chercher à faire rejaillir sur mon infime
personnalité la gloire conquise par mes ancêtres. Et tout d'abord, je ne suis pas fâché de
le constater ici ; j'ai fait l'apologie de bien
des gens , qui n'avait pour toute recommandation que leur propre mérite, et que je
connaissais peu ou point du tout, c'est du
reste la tache commune à tous les journa-
listes, après avoir travaillé pour les autres il
me semble que j'ai bien acquis le droit de
m'occuper de ma famille.

Depuis longues années la pensée d'en écrire
l'histoire , était venue se présenter à mon
esprit, j'ai hésité fort longtemps à l'entre-
prendre , mais en ajournant sans cesse ,
j'ai voulu toutefois m'enquérir de ce qu'é-
taient mes aïeux. J'ai recherché leurs œuvres, et j'ai lu ce qu'en avaient dit les biographes.

J'ai été frappé des contradictions con-
tenues dans leurs notices et des lacunes
qu'elles offraient , j'ai voulu m'assurer de
l'exactitude de leurs renseignements ; peu à
peu, je suis remonté aux sources mêmes, et,
malgré moi, j'ai trouvé un attrait irrésistible

à vivre de la vie de mes ancêtres, à m'entretenir avec eux et à les suivre à travers deux siècles. Subjugué par la vue des immenses travaux acomplis par ces générations d'artistes, je n'ai pu me défendre d'un sentiment d'admiration, indépendant de toute sympathie de nom et de sang.

En reconnaissant l'importance qu'attachaient à ces maîtres, tous les écrivains qui s'étaient occupés d'eux, j'ai compris qu'en publiant le résultat de mes recherches, en rétablissant et complétant la vérité historique sur ces hommes éminents, je ferais une œuvre utile et en quelque sorte nationale, tout en accomplissant un acte de piété filiale.

Chaque ville est fière de ses grands hommes, la nation toute entière s'en glorifie.

N'est-ce pas ses illustrations en tout genre, soit dans les arts, dans les sciences et dans l'industrie qui font la force et la grandeur de notre beau pays, n'est-ce pas eux, qui, réunis en faisceau dans cette sublime trinité, forment la couronne de gloire de la France et constituent son propre génie, soleil éblouissant qui éclaire le monde et dont ils sont autant de rayons.

Eh bien, les Parrocel par leurs talents et par leur nombre ont pris leurs places parmi eux, j'en appelle au témoignage de tous les auteurs que j'ai cités dans le cours de cet essai. C'est donc une œuvre nationale que j'ai entreprise et qu'il me reste à compléter.

Cette pensée est pour moi un puissant encouragement, elle raffermit ma volonté, mais je dois être sincère, et je l'avoue franchement, si je n'ai plus hésité à livrer à l'impression ce premier résultat de mes recherches, un autre sentiment est venu fortifier ma décision. L'avenir est incertain ; j'ai des fils je leur donne dès aujourd'hui ce que j'ai acquis : je veux qu'ils sachent de bonne heure quels sont leurs ancêtres, non pas pour qu'ils en tirent vanité, car les hommes n'ont de valeur réelle que celle qu'ils acquièrent par leurs talents et leurs travaux et, de nos jours, on ne mesure pas leur importance sur celle de leurs aïeux, mais afin que le spectacle des travaux de ces artistes stimule l'émulation de mes enfants et fasse naître en leur cœur le désir de les imiter et de marcher sur leurs traces.

La jeunesse est souvent vaine et pré-

somptueuse, il faut que mes enfants sachent
aussi que certains membres de la famille, et
notamment leurs grands-pères, ont exercés
des professions moins relevées dans l'estime
des hommes, mais cependant toujours honorables ; que cette vérité leur soit donc fami-
lière : ce n'est pas la profession qui ennoblit
l'homme, mais quelqu'infime que soit une
profession, le seul mérite de l'homme la
relève.

Je dédie à mes enfants, ainsi qu'aux
Parrocel existants aujourd'hui, ce premier
essai sur la famille, mais pour que ce livre
puisse, sans parler de l'exemple, leur servir
en quelque sorte de parchemin, me voici
obligé de traverser plusieurs générations de
personnages obscurs, afin de les relier à leur
souche ; j'en demande de nouveau pardon
aux artistes, qu'ils se contentent de la première partie de mon livre, quant à moi, je
dois accomplir jusqu'au bout la tâche que je
me suis imposée, du reste, l'intérêt de la vérité historique m'en fait un devoir.

Les biographes qui se sont occupés des
Parrocel, prétendent que leur famille est éteinte
je tiens à rétablir les faits à cet égard, j'affirme-

rai, dès l'abord, qu'il est loin d'en être ainsi, et j'espère bien que parmi les nombreux rejetons de cette race, il en sortira encore quelques-uns, qui feront revivre glorieusement ce nom jadis si bien porté.

Dans mon article sur Louis Parrocel, j'ai laissé une note indiquant que Jean-Baptiste, son dernier fils, fut la souche des Parrocel actuels.

Je dirai donc, pour arriver jusqu'à nos jours, que Pierre Véran, fils de Jean-Baptiste Parrocel, vint s'établir à Cavaillon en 1732.

Il y épousa, le 15 juillet de cette même année, Marie-Anne Derbe (1). Il mourut le 19 novembre 1780. Il n'eut qu'un seul fils, César-Auguste, né le 26 janvier 1737 (2).

César-Auguste Parrocel, qui est décédé le 1er mai 1816, avait épousé Thérèse Liely, dont il eut deux fils et plusieurs filles. Son plus

---

(1) Archives de Cavaillon. *Liber matrimoni....scum ab. 1710 ad annum 1735 fo 386. Die decima quinta mensis Julii matrimonium per verba de presenti fuit celebratum in facie sanct.... .... Matris, ecclesiæ, inter Petrum-Veranum Parrocel filium quondam Joanis-Baptistæ, et Margaritam Mar.... ... ex sua Parte et Mariam-Annam Derbe, filiam Josephi, etc. Lamberty parochus.*

(2) Cavaillon. — Naissances de 1734 à 1750, fo 121.

jeune, Joseph, mourut sans enfants mâles ; une de ses filles est mariée à M. Ripert, de Cavaillon. L'aîné des fils de César-Auguste, Etienne Véran, naquit le 15 octobre 1761, il mourut le 1er mai 1827, laissant une fille, mariée à M. Roche, de Cavaillon, et quatre fils (1), ayant chacun un grand nombre d'enfants. — De ce nombre, Antoine Parrocel, mon père et son frère André-Pierre Veran, ainsi que leur sœur, madame Roche, sur-vivent seuls, leurs enfants et leurs neveux sont répandus sur tous les points du Globe.

J'ignore quelle était la profession de Pierre Véran, le premier des Parrocel qui vint à Cavaillon, je sais seulement que son fils, Auguste-César, cumulait en 1765 deux métiers qui sembleraient fort disparates de nos jours, celui d'aubergiste et celui de cordonnier pour

---

(1) Un autre de ses fils, dont je ne parle pas ici, mourut à Mayence, à la suite de la campagne de Russie, en 1812, il se nommait Joseph, il était le troisième. L'aîné, appelé Auguste-César, avait également fait la campagne d'Espagne, il s'était établi à Avignon où il est mort, laissant quatre enfants mâles.

dames; on sait qu'à cette époque les chaus-
sures de nos élégantes étaient de vrais petits
chefs-d'œuvre. Auguste-César s'était fait une
réputation dans son genre, et son hôtel avait
pour enseigne une pantoufle. Dans la ville de
Cavaillon, il était connu partout sous le nom
de *pentouflon*. Jaloux de se donner un successeur capable, il fit apprendre à son fils,
Etienne Véran, le métier de cuisinier.

Pierre Véran vivait encore et César-Auguste
qui l'avait appris de lui, n'ignorait pas son
origine, leurs pères et leurs oncles n'étaient
plus de ce monde, leurs cousins, Stéphanus
Parrocel, et Pierre-Ignace, le graveur du roi
de Naples, habitaient l'Italie, tandis que
Joseph-François, à son retour de Rome, en
sa qualité d'académicien et de peintre du roi,
s'était fixé à Paris. Joseph Parrocel, devenu
plustard seigneur de Tavel, était à l'armée;
il fallait vivre, il n'y avait point chez eux de
fausse honte; persuadés que tout les métiers
sont honorables quand ils sont dignement
exercés, ils s'occupèrent fort peu de leurs
ancêtres et de leur parenté, et ils finirent par
les si bien oublier qu'ils laissaient à l'envi
dénaturer leur nom. Peu de temps avant la

Révolution, une circonstance qui mérite d'être mentionnée, vint fort à propos en rétablir l'orthographe.

Etienne, mon grand père, allait chaque année à la célèbre foire de Beaucaire, alors dans toute sa splendeur ; dans l'hôtel où il logeait, le hasard conduisit le chevalier Joseph de Parrocel, seigneur de Tavel, dont j'ai donné plus haut la biographie abrégée : entendant appeler dans l'hôtel un individu du nom de *Parroussely*, le seigneur fut curieux de connaître celui dont le nom se rapprochait si bien du sien.

— Qui es-tu, et comment écris-tu ton nom? dit-il à mon grand-père, qui, la tête haute et le regard assuré, ne se trouvait nullement intimidé en présence de ce personnage, dont l'influence était alors considérable.

— Je suis *Parroussely*, lui répondit-il simplement.

— Comment s'appelle ton Père ?

— César-Auguste!

— Et ton grand-père ?

— Pierre Véran!

— Ne te laisse plus appeler *Parroussely*,

lui dit-il ; voilà comment il faut écrire ton nom : Parrocel! tu es de la famille (1).

Pierre Véran-Parrocel était le cousin-germain du père du chevalier. Mon grand-père, jusqu'à l'époque de la Révolution, ne manquait pas chaque année d'aller visiter le seigneur qui était sans enfants et qui l'avait pris en affection, mais le niveau révolutionnaire emporta tous les privilèges et le vieux chevalier mourut au milieu de la tourmente.

De ces Parrocel dont le nom avait eu un certain retentissement pendant près de deux siècles, tous avaient disparus, il n'en restait plus qu'un, pauvre et obscur, en qui résidait seul l'espoir de cette race; c'était Etienne Véran Parrocel, mon grand-père.

———

Etienne Véran Parrocel fut un homme distingué, ceci est de notoriété publique, chef de cuisine chez le vice-légat à Avignon, puis

---

(1) Cette conversation avait lieu en patois. Dans le Comtat-Venaissin, on ne parlait alors qu'Italien ou Languedocien : on avait Italianisé le nom de mon grand-père qui était déjà marié à cette époque; mon père qui le tenait du sien, m'a raconté vingt fois cette épisode.

chez M. Murr D'Azir, consul-général en Syrie;
il revint en France en 1788, après avoir travaillé quelque temps dans la maison de son
père, à Cavaillon, il s'établit à son tour dans
cette ville au moment de la Révolution.

A la réputation du premier cuisinier du
département, Etienne Véran joignait celle de
l'homme à la fois le plus vigoureux, le mieux
fait et le plus spirituel qu'il fut possible de
rencontrer, malgré sa profession, reçu dans
la société, y jouant la comédie à ravir.
Castil-Blaze, qui était son ami et son compatriote, dans son histoire de l'Opéra italien,
Théâtres Lyriques de Paris, page 286, parlant
des *Visitandines,* premier opéra qu'il eut vu
représenter, raconte que des amateurs le
mirent en scène à Cavaillon, dans la chapelle
des Pénitents-Blancs, en 1793. Hyacinthe
d'Agar qui depuis fut législateur des droits
réunis, Pascal Derrive, excellent musicien,
Parrocel, petit-fils du peintre célèbre, s'y
comportèrent, dit-il, à merveille, etc.

On ne considérait pas Etienne Véran comme
un homme ordinaire. Les personnes les plus
considérables du pays, lui commandaient-elles
un dîner, elles n'avaient garde d'oublier son

couvert ; le dîner servi, il se mettait à table
avec elles, et sa gaîté, son esprit fesaient le
charme de toutes les sociétés où il se trouvait. Au moment de la réunion du Comtat à
la France, époque si féconde en désordres de
tout genre, où les partis surexcités les uns
contre les autres, se livraient à des repré-
sailles horribles, mon grand-père, sans tomber
dans aucun excès, était à la fois recherché et
redouté; sa force physique en imposait autant
que son énergie et son audace extrême ;
les bals de la ville de Cavaillon avaient lieu
chez lui chaque dimanche, il en faisait seul la
police et malheur aux perturbateurs qui les
troublaient, les culbuter était pour lui l'affaire
d'un instant. Le souvenir de ses prouesses lui
a survécu, ceux qui l'ont connu, ne parlent de
sa personne qu'avec respect, et ils racontent
encore avec un enthousiasme sans égal, les
anecdotes les plus curieuses sur son compte.
Devenu vieux et très religieux au fond, le
respect humain l'arrêtait ; lui dont la vie avait
été dissipée et orageuse, et devant lequel tout
le monde tremblait, il craignait le ridicule. Il
allait prier en secret tout les jours dans un
hermitage, situé en haut de la montagne

Saint-Jacques, qui touche Cavaillon, et sur laquelle il possédait, ce qu'on appelle dans le midi, un *bastidon*. Mais il parvint à dompter cette faiblesse, de même qu'il avait surmonté depuis longtemps les saillies d'une nature bouillante et impétueuse. Il mourut très chétiennement le 1er mai 1827.

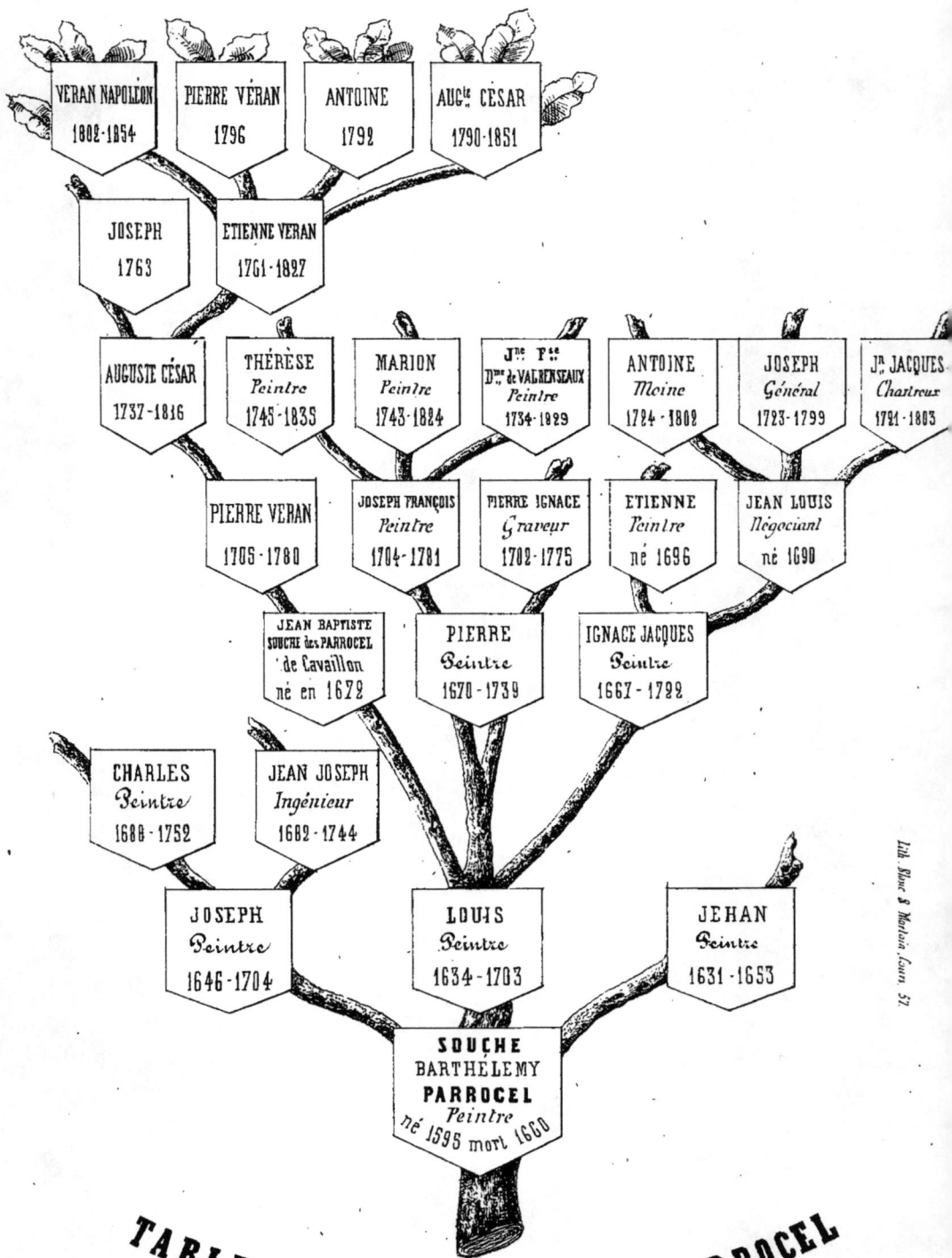

TABLEAU GÉNÉALOGIQUE DES PARROCEL

VERAN NAPOLÉON
1802-1854

PIERRE VÉRAN
1796

ANTOINE
1792

AUG.te CÉSAR
1790-1851

JOSEPH
1763

ETIENNE VERAN
1761-1827

AUGUSTE CÉSAR
1737-1816

THÉRÈSE
Peintre
1745-1835

MARION
Peintre
1743-1824

J.ne F.se
D.me de VALRENSEAUX
Peintre
1734-1829

ANTOINE
Moine
1724-1802

JOSEPH
Général
1723-1799

J.n JACQUES
Chartreux
1721-1803

PIERRE VERAN
1705-1780

JOSEPH FRANÇOIS
Peintre
1704-1781

PIERRE IGNACE
Graveur
1702-1775

ETIENNE
Peintre
né 1696

JEAN LOUIS
Négociant
né 1690

JEAN BAPTISTE
SOUCHE des PARROCEL
de Cavaillon
né en 1672

PIERRE
Peintre
1670-1739

IGNACE JACQUES
Peintre
1667-1722

CHARLES
Peintre
1688-1752

JEAN JOSEPH
Ingénieur
1682-1744

JOSEPH
Peintre
1646-1704

LOUIS
Peintre
1634-1703

JEHAN
Peintre
1631-1653

SOUCHE
BARTHELEMY
PARROCEL
Peintre
né 1595 mort 1660

Lith. Blanc & Marloin, Lyon, 57.

TABLE

MARSEILLE. — IMP. J. CLAPPIER.

www.ingramcontent.com/pod-product-compliance
Lightning Source LLC
Chambersburg PA
CBHW070607100426
42744CB00006B/423